POLETTOS
Kochschule
POLETTOS
Kochschule

POLETTOS
Kochschule

ZS

© Verlag Zabert Sandmann
München
1. Auflage 2010
ISBN 978-3-89883-278-6

Grafische Gestaltung	Georg Feigl
Fotografie	Jan-Peter Westermann (siehe auch S. 185)
Redaktion	Gerti Köhn, Martina Solter, Eva-Maria Hege
Redaktionelle Mitarbeit	Marianne Zunner
Redaktion Hamburg	Christian Stichler
Herstellung	Karin Mayer, Peter Karg-Cordes
Lithografie	Christine Rühmer
Druck & Bindung	Mohn media Mohndruck GmbH, Gütersloh

Beim Druck dieses Buchs wurde durch den innovativen Einsatz der Kraft-Wärme-Kopplung im Vergleich zum herkömmlichen Energieeinsatz bis zu 52 % weniger CO_2 emittiert. *Dr. Schorb, ifeu.Institut*

»Polettos Kochschule« im Ersten, NDR und SR Fernsehen,
Redaktion: Christian Stichler, Andrea Etspüler.
Lizenziert durch Studio Hamburg Distribution & Marketing GmbH, Koordination: Petra Rönnfeldt.

Besuchen Sie uns auch im Internet unter www.zsverlag.de

Polettos Kochschule

Mein neuer ***Grundkurs*** *für Einsteiger*

mit Fotos von Jan-Peter Westermann

ZABERT SANDMANN

Inhalt

Kochen mit Genuss und Freude: Mein neuer Grundkurs

Wie wird man eigentlich eine gute Köchin oder ein guter Koch? Diese Frage wird mir häufig gestellt. Und meine Antwort ist immer dieselbe: Man muss es lernen. Es wird einem nicht in die Wiege gelegt, aus Lebensmitteln gesunde und leckere Gerichte zuzubereiten. Das Können fällt auch nicht vom Himmel und ist erst recht keine Zauberei. Man braucht weder Talent noch Vorkenntnisse – nur Liebe und Leidenschaft. Kochen ist ein Handwerk wie jedes andere.

Leider wird heute in den meisten Familien immer weniger Kochwissen weitergegeben. Der kulinarische Erfahrungsschatz einer ganzen Generation droht verloren zu gehen. Und weil das zu schade wäre, möchte ich in meiner Sendung »POLETTOS Kochschule« nicht nur zeigen, dass jeder und jede kochen kann, sondern Ihnen auch das notwendige Küchen-Know-how – egal ob Alltagsküche oder Sonntagsbraten – so vermitteln, dass es Spaß macht. Und mit Dennis Wilms habe ich seit vielen Folgen einen idealen Kochschüler an meiner Seite. Er will wirklich wissen, wie es geht, er hat Spaß am Essen, er fragt nach und bringt Interesse und Begeisterung mit. Das ist das Wichtigste, um mit Genuss zu kochen. Als berufstätige Mutter weiß ich genau: Es kann nicht jeden Tag Forelle blau, Rinderrouladen oder ein Drei-Gänge-Menü geben. Aber Nudeln mit selbst gemachtem Pesto, das geht immer. Das grüne oder rote Pesto können Sie ein paar Tage im Voraus zubereiten. Dann etwas Parmesan und vielleicht ein paar frische Kräuter dazu, und in wenigen Minuten steht ein gesundes Essen auf dem Tisch, das allen schmeckt. Das Rezept dazu gibt es übrigens auf Seite 65.

Nach dem tollen Erfolg des ersten Grundkurses finden Sie hier meine neuesten Kreationen von Ingwer-Hähnchenbrust mit Kokos-Curry-Spinat über Wurzelgemüse im Salzbett bis Mediterrane Bratkartoffeln. Machen Sie mit bei meinem Kochkurs, und Sie werden überrascht sein, wie schnell Sie sich und andere verwöhnen können.

Ihre

Cornelia Poletto

SALATE

Ein Salat geht immer. Wenn die Zeit knapp ist, wenn anderes zu schwer erscheint, oder wenn ich mir etwas Gutes tun will. Zum Glück gibt es eine riesige Auswahl knackiger Köpfe und Blätter, und ich kann nach Herzenslust variieren. Ganz besonders liebe ich Salate, die eine leichte Bitternote haben – wie Römersalat, Radicchio, Rucola oder Chicorée. Damit lassen sich leichte Hauptgerichte und traumhafte Vorspeisen zaubern. Machen Sie mit mir einen Spaziergang durch den »Blätterwald« und kombinieren Sie italienische Mortadella mit Frisée und Kapern, gegrillten Radicchio mit Gorgonzola oder ein Römersalat-Dressing mit Lachstatar.

Frische ist das A und O

Schaut man sich das Salatangebot einiger Supermärkte an, ist es nicht verwunderlich, dass vielen Menschen zum Thema Salat nichts anderes einfällt als fader Eisbergsalat mit Fertigdressing. Was dort unter grellem Neonlicht traurig vor sich hinwelkt, verdient den Namen Salat oft nicht. Das liegt aber auch daran, dass der schnelle Griff zu vorgewaschenen, vorgeschnittenen Mischsalaten aus der Tüte leider häufig zur Selbstverständlichkeit geworden ist.

Genuss mit Köpfchen

Dabei kann die bereits zerkleinerte Ware niemals mit einem frischen Salatkopf mithalten – vom Vitaminverlust mal ganz abgesehen. Bietet Ihr Supermarkt nicht genügend Salatauswahl, sollten Sie den Einkaufsort wechseln und sich bei kleinen Gemüsehändlern oder auf dem Wochenmarkt überraschen lassen. Neben den festen, knackigen Köpfen von Radicchio, Endivien- oder Eichblattsalat liegen die losen, straffen Blätter von Rucola und Feldsalat. In Sommer locken junge Spinat- und gemischte junge Salatblätter nach französischem Vorbild (siehe rechts »Blätter zum Verlieben«). Haben Sie so einen Händler gefunden, belohnen Sie ihn und greifen Sie zu. Sie werden begeistert sein und in Zukunft die Verkäufer der schlappen Sorten gerne links liegen lassen.

Bitte ganz vorsichtig behandeln

Zugegeben, Salat braucht Zuwendung. Schon im Einkaufskorb will er ein gutes Plätzchen, nämlich ganz oben. Und auch zu Hause ist er anspruchsvoll. Am liebsten hat er viel Platz und eine kühle Umgebung. Wird er nicht gleich verarbeitet, möchte er unbedrängt unter einem feuchten Küchentuch oder luftig in einem Plastikbeutel verpackt liegen. Danach will er von angewelkten Außenblättern befreit und vorsichtig in einzelne Blätter zerteilt werden. Schließlich liebt er ein kühles Bad in reichlich stehendem Wasser, wo er die Reste von Sand, Erde und eventuell Insekten loswerden kann. Haben Sie ihn sorgfältig getrocknet (siehe rechts) und die passenden Partner und das geeignete Dressing gefunden, werden Sie mit wirklichem Hochgenuss belohnt.

Salate zerkleinern

Salatköpfe kann man auf verschiedene Weise klein bekommen. Je nach Rezept und persönlichem Geschmack greift man dabei einfach zum Messer oder geht mit Fingerspitzengefühl vor. Drei Beispiele:

Welke Außenblätter abzupfen und den Salat längs vierteln oder achteln. Nach Belieben den Strunk teilweise herausschneiden. Anrichten und mit dem Dressing beträufeln.

Welke Außenblätter abzupfen, die einzelnen Blätter voneinander lösen und die harten Blattrippen herausschneiden. Die Blätter aufeinanderlegen und in Streifen schneiden.

Welke Außenblätter abzupfen und die einzelnen Blätter voneinander lösen. Mit den Fingern in beliebig große Stücke zupfen, dabei die dicken Blattrippen entfernen.

Salate trocknen

Das schönste Dressing ist umsonst, wenn der Salat nach dem Waschen nicht richtig getrocknet wird und die Blätter in Wasser schwimmen. So wird er richtig trocken:

Die Salatblätter in eine Salatschleuder geben und trocken schleudern. Schleudern gibt es mit Zugband oder mit Drehknopf.

Die Salatblätter lose in ein Küchentuch geben, die Enden zusammendrehen oder -knoten und den Salat trocken schütteln oder schleudern.

Die Salatblätter in ein Sieb geben und trocken schütteln. Damit die Blätter nicht herausfallen, eventuell ein Küchentuch darüberlegen.

Blätter zum Verlieben

Die Franzosen haben es gut, sie haben ihren »Mesclun«, eine Mischung aus jungen, zarten Blättern verschiedener Salatsorten, die es beim Gemüsehändler um die Ecke gibt. Wer bei uns die feinen Mini-Blätter – Baby-Salat-Mix oder Baby Leafs genannt – findet, sollte unbedingt zugreifen. Für überraschende Aromaeffekte im Salat sorgen ganze Kräuterblättchen, zum Beispiel von Estragon, Basilikum, Koriander oder Zitronenverbene. Schön und lecker im Salat sind Wildkräuter wie Gartenmelde oder Löwenzahn und essbare Blüten wie Veilchen oder Gänseblümchen.

Salatsauce auf Vorrat

Wenn Sie gerne Salat essen, machen Sie es sich leicht und bereiten von Ihrer Lieblingsvinaigrette gleich ein bisschen mehr zu. Ein Dressing auf der Basis von Essig und Öl können Sie problemlos bis zu 1 Woche im Kühlschrank aufbewahren. Praktisch ist es, wenn Sie zum Anrühren der Salatsauce ein Schraubglas verwenden – einfach alle Zutaten hineingeben, kräftig durchschütteln, fertig. Was nicht benötigt wird, kommt in den Kühlschrank und wird bei Bedarf neu aufgeschüttelt. Kräuter sollten Sie aber erst kurz vor Verwendung zur Vinaigrette geben.

Klassische Vinaigrette

Zutaten für 4 Personen
1 Schalotte
2 EL milder Weißweinessig
1 TL Dijonsenf
Meersalz
Zucker
Pfeffer aus der Mühle
6 EL geschmacksneutrales Öl (z. B. Traubenkernöl, Distelöl)

Zubereitungszeit: ca. 5 Minuten

1 Die Schalotte schälen und in feine Würfel schneiden. In einem kleinen Topf etwas Wasser zum Kochen bringen, die Schalottenwürfel hineingeben und kurz aufkochen lassen. In ein Sieb abgießen und abkühlen lassen.

2 In einer Schüssel den Essig mit dem Senf, Salz, Zucker und Pfeffer verquirlen. Das Öl nach und nach unterschlagen. Die Schalotten dazugeben und die Vinaigrette mit Salz und Pfeffer abschmecken.

Variationen:

andere Senfsorte: Feigensenf, Estragonsenf oder scharfer Senf

andere Essigsorte: Trockenbeerenauslese-Essig, Tomatenessig, Himbeeressig, Apfelessig oder Walnussessig

andere Öle: Olivenöl, Nussöle, Arganöl oder Zitronen-Olivenöl

statt Zucker: Honig oder alter Aceto balsamico

mit Kräutern: 1 EL fein geschnittene Kräuter wie Schnittlauch, Petersilie, Estragon oder Dill unterrühren.

Zitronen-Vinaigrette

Zutaten für 4 Personen
1/2 Knoblauchzehe
Saft von 1 Zitrone
1/2 TL brauner Zucker
Meersalz
Pfeffer aus der Mühle
6 EL Olivenöl

Zubereitungszeit: ca. 10 Minuten

1 Den Knoblauch schälen und im Ganzen mit dem Zitronensaft und dem Zucker in einen kleinen Topf geben. Die Flüssigkeit bis auf etwa 2 EL einkochen, dann abkühlen lassen.

2 Den Knoblauch entfernen und die Zitronenreduktion mit Salz, Pfeffer und Olivenöl verquirlen.

Variationen:

Für eine Basilikum-Vinaigrette fein geschnittenes Basilikum und etwas abgeriebene unbehandelte Zitronenschale unterrühren.

Für eine Asia-Vinaigrette Limettensaft anstelle von Zitronensaft verwenden, außerdem etwas abgeriebene unbehandelte Limettenschale und fein geschnittenen Koriander unterrühren. Mit Sojasauce, fein gehacktem Ingwer und Sesamöl abschmecken.

Polettos Basis-Dressing

Zutaten für ca. 200 ml
1 Ei · 1 TL Senf
ca. 3 EL milder Weißweinessig
Meersalz
Pfeffer aus der Mühle
100 ml geschmacksneutrales Öl (z.B. Rapsöl)
5 EL Olivenöl
5–8 EL Hühnerbrühe
1 Knoblauchzehe
2 Zweige Rosmarin
2 Stiele Basilikum

Zubereitungszeit: ca. 5 Minuten

1 Für das Basis-Dressing (rundes Schälchen) das Ei, den Senf, 2 EL Essig, etwas Salz und Pfeffer in einen hohen Rührbecher geben und mit dem Stabmixer kurz aufschlagen.

2 Nach und nach unter ständigem Weiterschlagen die beiden Ölsorten dazugeben. So viel Brühe unterrühren, bis die gewünschte Konsistenz erreicht ist. Mit Essig, Salz und Pfeffer abschmecken.

3 Den Knoblauch schälen. Die Kräuter waschen und trocken schütteln, mit dem Knoblauch zum Dressing geben. Das Dressing zugedeckt im Kühlschrank etwa 1 Tag ziehen lassen.

4 Am nächsten Tag die Kräuter und den Knoblauch entfernen, restliche Brühe unterrühren und das Dressing nochmals mit Essig, Salz und Pfeffer abschmecken.

Variationen:

Für ein Joghurt-Dressing (zweites Schälchen von links) einige EL Naturjoghurt und 2 bis 3 EL fein geschnittene frische Kräuter unterheben.

Für ein Curry-Dressing (linkes Schälchen) das Dressing mit etwas Currypulver, Piment d'Espelette und Limettensaft abschmecken.

Für ein Tomaten-Dressing (zweites Schälchen von rechts) anstelle von Hühnerbrühe Tomatensaft verwenden und fein geschnittenes Basilikum unterheben.

Polettos Caesar-Dressing

Zutaten für ca. 200 ml
1 Sardellenfilet (in Öl eingelegt)
1 Knoblauchzehe
1 Ei · 1 TL Senf
ca. 3 EL Sherryessig (oder Trockenbeerenauslese-Essig)
Meersalz · Pfeffer aus der Mühle
60 g geriebener Parmesan
100 ml geschmacksneutrales Öl (z.B. Sonnenblumenöl)
5 EL Olivenöl
5–8 EL Hühnerbrühe
Worcestershiresauce

Zubereitungszeit: ca. 10 Minuten

1 Für das Caesar-Dressing (rechtes Schälchen) das Sardellenfilet abtropfen lassen und den Knoblauch schälen. Beides fein hacken. Das Sardellenfilet mit dem Knoblauch, dem Ei, dem Senf, 2 EL Essig, Salz, Pfeffer und 20 g Parmesan in einen hohen Rührbecher geben und mit dem Stabmixer kurz aufschlagen.

2 Nach und nach unter ständigem Weiterschlagen die beiden Ölsorten dazugeben. So viel Brühe unterrühren, bis die gewünschte Konsistenz erreicht ist. Das Dressing mit dem restlichen Essig, der Worcestershiresauce, Salz und Pfeffer abschmecken. Zum Schluss den übrigen Parmesan unterrühren.

Rucola-Basilikum-Salat
mit Tomaten und Büffelmozzarella

Zutaten für 4 Personen
Für den Salat:
300 g Kirschtomaten
1 Knoblauchzehe
4 EL Olivenöl
einige Zweige Thymian
12 hauchdünn geschnittene Baguettescheiben
1/2 Bund Basilikum
150 g Rucolasalat
100 g San-Daniele-Schinken (in dünnen Scheiben)
200 g Büffelmozzarella
Fleur de Sel
Für die Vinaigrette:
2 EL Tomatenessig oder milder Weinessig
2 EL Tomatensaft · Meersalz
1 Msp. Piment d'Espelette
Zucker · 5 EL Olivenöl
Für das Basilikumöl:
1/2 Bund Basilikum
Meersalz · 4 EL Olivenöl

Zubereitungszeit:
ca. 30 Minuten

1 Für den Salat die Kirschtomaten kurz in kochendes Wasser geben, herausheben, kalt abschrecken und häuten. Die Tomaten nach Belieben halbieren.

2 Den Knoblauch schälen und leicht andrücken. Das Olivenöl in einer Pfanne erhitzen, den Knoblauch und den Thymian dazugeben und die Brotscheiben darin auf beiden Seiten knusprig braten. Herausnehmen und auf Küchenpapier abtropfen lassen.

3 Die Basilikumblätter abzupfen. Den Rucola verlesen und die groben Stiele entfernen. Das Basilikum und den Rucola waschen und trocken schleudern. Die Schinkenscheiben quer halbieren. Den Mozzarella in Scheiben schneiden und die Scheiben vierteln.

4 Für die Vinaigrette den Essig mit dem Tomatensaft, Salz, Piment d'Espelette, Zucker und Olivenöl verrühren. Die Hälfte der Vinaigrette über die Tomaten geben. Die restliche Vinaigrette mit dem Rucola und dem Basilikum mischen.

5 Für das Basilikumöl die Basilikumblätter von den Stielen zupfen, in kochendes Salzwasser geben und aufkochen lassen. Mit dem Schaumlöffel herausheben, abtropfen lassen und leicht ausdrücken. Das Olivenöl mit den Basilikumblättern in einen hohen Rührbecher geben und mit dem Stabmixer fein pürieren.

6 Den Rucola und das Basilikum mit dem Schinken, den Tomaten, den Mozzarellastücken und den Brotscheiben türmchenartig auf Tellern anrichten. Das Basilikumöl darüberträufeln und alles mit Fleur de Sel bestreuen.

Mein Tipp > »Mozzarella di bufala« wird aus der Milch von Wasserbüffeln hergestellt. Ursprünglich stammt der Käse aus Kampanien, heute wird er jedoch auch in anderen italienischen Regionen produziert. Büffelmozzarella hat einen aromatischen, feinsäuerlichen Geschmack und eine weiche Konsistenz. Die beste Qualität, den »Mozzarella di Bufala Campana«, erkennt man am DOP-Siegel (Denominazione d'Origine Protetta), der geschützten Ursprungsbezeichnung.

Italienischer Wurstsalat
mit Kapern-Vinaigrette

Zutaten für 4 Personen
4 Schalotten
1 kleiner Friséesalat
2 EL Kapernäpfel
2 EL Sherryessig
1 TL Dijonsenf
Meersalz
Pfeffer aus der Mühle
Zucker · 6 EL Olivenöl
12 dünne Scheiben Mortadella
2 EL kleine Kapern

Zubereitungszeit:
ca. 25 Minuten

1 Die Schalotten schälen und in feine Ringe schneiden. In einem kleinen Topf etwas Wasser zum Kochen bringen, die Schalotten hineingeben und kurz aufkochen lassen. In ein Sieb abgießen und abkühlen lassen.

2 Den Salat putzen, waschen, die Blätter in kleine Stücke zupfen und einige schöne Spitzen beiseitelegen.

3 Die Kapernäpfel abgießen, dabei 1 bis 2 EL Einlegewasser auffangen. Das Kapernwasser, den Essig, den Senf, Salz, Peffer und Zucker verquirlen. Das Olivenöl unterrühren und die Vinaigrette abschmecken. Die Hälfte der Vinaigrette mit den Salatblättern mischen und den Salat auf Teller verteilen.

4 Die Mortadella auf dem Salat anrichten und die Schalottenringe darauf verteilen. Die kleinen Kapern mit der restlichen Vinaigrette verrühren und darübergeben. Den Salat mit den Kapernfrüchten und den Friséesalatspitzen garnieren.

Gegrillter Radicchio
mit Gorgonzola und Walnüssen

Zutaten für 4 Personen
40 g Walnusskerne
1 EL alter Aceto balsamico
2 EL junger Aceto balsamico
Meersalz
Pfeffer aus der Mühle
8 EL Olivenöl
2 kleine Köpfe Radicchio
100 g Coppa (oder Tiroler Speck; in dünnen Scheiben)
150 g Gorgonzola piccante

Zubereitungszeit: ca. 20 Minuten

1 Die Walnüsse in einer Pfanne ohne Fett anrösten. Herausnehmen, abkühlen lassen und grob zerkleinern. Für die Vinaigrette die beiden Essigsorten, Salz, Pfeffer und 6 EL Olivenöl in einer Schüssel mit dem Schneebesen verquirlen.

2 Den Radicchio putzen und waschen, trocken schütteln und längs halbieren. Eine Grillpfanne erhitzen, die Salathälften mit dem restlichen Olivenöl beträufeln und in der Pfanne rundum kurz anbraten. Den Radicchio in eine Schale legen und mit der Vinaigrette beträufeln.

3 Den lauwarmen Radicchio auf Teller verteilen, die Coppa und die Walnüsse rundum verteilen. Den Gorgonzola in kleine Stücke teilen und darübergeben. Den Radicchio großzügig mit Pfeffer bestreuen und mit der restlichen Vinaigrette beträufeln.

Mein Tipp > Coppa ist eine italienische Spezialität aus Schweinenacken und Schweinefilet. Das Fleisch wird aufgerollt, in ein Netz gewickelt, gepökelt und anschließend luftgetrocknet. Dünn geschnitten, genießt man Coppa als Antipasto oder im Salat.

Römersalat
mit Lachstatar und Avocado

Zutaten für 4 Personen
1 kleiner Römersalat
Meersalz
2 Stiele Zitronenverbene
1 TL Ahornsirup
ca. 150 ml bestes Olivenöl
400 g Lachsfilet (ohne Haut)
4 EL Schnittlauchröllchen
Saft von 1 Zitrone
Fleur de Sel
Pfeffer aus der Mühle
2 Avocados
1 Msp. Wasabipaste
(japan. Meerrettich)
Außerdem:
kleine Salatblätter
(z. B. Löwenzahn und Frisée)
essbare Blüten (z. B. Stiefmütterchen oder Gänseblümchen)

Zubereitungszeit:
ca. 40 Minuten

1 Den Römersalat putzen und waschen. Das Salatherz für das Tatar beiseitelegen. Die restlichen Salatblätter kurz in kochendem Salzwasser blanchieren, herausnehmen und in Eiswasser abschrecken. Die Zitronenverbene waschen, trocken schütteln und die Blätter abzupfen. Die Salatblätter ausdrücken und mit Zitronenverbene, Ahornsirup und 100 ml Olivenöl mit dem Stabmixer oder im Blitzhacker fein pürieren. Falls diese Vinaigrette zu dick sein sollte, noch etwas Wasser hinzufügen.

2 Den Lachs waschen und mit Küchenpapier trocken tupfen, in kleine Würfel schneiden und in eine Schüssel geben. Den Schnittlauch, 2 EL Olivenöl und 1 bis 2 EL Zitronensaft dazugeben und untermischen. Mit Fleur de Sel und Pfeffer würzen.

3 Das Römersalatherz in feine Streifen schneiden (siehe S. 11). Die Avocados halbieren, die Kerne entfernen, die Hälften schälen und das Fruchtfleisch in Würfel schneiden. Die Salatstreifen und die Avocadowürfel mit 1 bis 2 EL Zitronensaft und dem restlichen Olivenöl beträufeln. Mit Salz und Pfeffer würzen.

4 Die kleinen Salatblätter waschen und trocken schütteln. Die Vinaigrette mit Fleur de Sel, Wasabi und dem restlichen Zitronensaft abschmecken. In vier tiefe Teller jeweils einen hohen Metallring setzen. Nacheinander Römersalatstreifen, Lachstatar und Avocadowürfel in die Ringe schichten und jeweils etwas andrücken. Die Ringe abnehmen, die Vinaigrette darüberträufeln und die Teller mit den kleinen Salatblättern und den Blüten garnieren.

Mein Tipp > Zitronenverbene, auf Französisch Verveine, ist eines meiner Lieblingskräuter. Sie hat zarte, fein zitronig duftende und schmeckende Blätter, die hervorragend zu Fisch und Meeresfrüchten, aber auch zu Salaten und fruchtigen Desserts passen. Zitronenverbene wird in kleinen Töpfen in gut sortierten Gemüsegeschäften angeboten. Verveine ist nicht zu verwechseln mit der robusteren Verbene, auch Eisenkraut genannt, die viel herber schmeckt.

Salade niçoise
mit gebratenem Thunfisch

Zutaten für 4 Personen
3 Eier
300 g Keniabohnen
Meersalz
1 rote Zwiebel
ca. 110 ml Olivenöl
ca. 4 EL milder Weißweinessig
4 Artischockenherzen (in Öl eingelegt)
50 g schwarze Oliven (ohne Stein; z. B. Taggiasca-Oliven)
1–2 EL Kapern
1 TL grober Senf · Zucker
Pfeffer aus der Mühle
200 g Kirschtomaten
4–5 Stiele Basilikum
150 g gemischte Mini-Salatblätter
200 g Thunfischfilet
4 Baguettescheiben
1 Knoblauchzehe
1 Tomate
4 Sardellenfilets (in Öl eingelegt)

Zubereitungszeit: ca. 50 Minuten

1 Die Eier anstechen und in kochendem Wasser 8 Minuten wachsweich kochen. Kalt abschrecken und abkühlen lassen. Die Bohnen putzen, waschen, schräg halbieren und in kochendem Salzwasser etwa 8 Minuten bissfest garen. In ein Sieb abgießen, kalt abschrecken und abtropfen lassen. Die Zwiebel schälen und in Ringe schneiden. In einer Pfanne 1 EL Olivenöl erhitzen und die Zwiebelringe darin 2 bis 3 Minuten andünsten. Mit 1 EL Essig ablöschen und abkühlen lassen. Die Artischocken abtropfen lassen und vierteln.

2 Die Bohnen, die Zwiebel, die Artischocken, die Oliven und die Kapern in eine große Schüssel geben. 2 EL Essig, Senf, Salz, Zucker, Pfeffer und 6 EL Olivenöl verrühren. Die Vinaigrette über die vorbereiteten Zutaten geben und alles mischen. Mit Salz, Pfeffer und Essig abschmecken.

3 Die Kirschtomaten waschen und vierteln. Die Basilikumblätter von den Stielen zupfen. Das Basilikum und die Salatblätter waschen und trocken schleudern. Tomaten, Basilikum und Salatblätter locker unter die Bohnenmischung heben.

4 Den Thunfisch trocken tupfen. In einer Pfanne 2 EL Olivenöl erhitzen und den Thunfisch darin auf jeder Seite 1 bis 2 Minuten scharf anbraten. Die Eier pellen und jeweils längs in sechs Spalten schneiden. Den Thunfisch mit Salz und Pfeffer würzen, in Scheiben schneiden und mit den Eiern auf dem Salat anrichten.

5 In einer zweiten Pfanne 2 EL Olivenöl erhitzen und die Baguettescheiben darin knusprig braten. Herausnehmen und auf Küchenpapier abtropfen lassen. Den Knoblauch schälen und längs halbieren, die Tomate waschen und quer halbieren. Die Brotscheiben zuerst mit den Knoblauch-, dann mit den Tomatenhälften einreiben. Die Sardellenfilets abtropfen lassen und auf die Brotscheiben legen. Die Sardellenbrote zum Salat reichen.

Mein Tipp > Die Bohnen-Zwiebel-Mischung bereite ich meist schon ein paar Stunden vorher zu. Dann brauche ich für die Fertigstellung des Salats nur noch etwa 30 Minuten.

GEMÜSE

Gemüse bietet unendlich viele Vorteile: Es sorgt für schöne Farben, intensives Aroma, bringt Biss und Abwechslung und versorgt uns nicht zuletzt mit den wertvollsten Nährstoffen. Ohne Gemüse geht es nicht. Oder können Sie sich einen Schmorbraten oder eine Hühnerbrühe ohne Suppengemüse vorstellen? In diesem Kapitel stelle ich Ihnen meine absoluten Lieblinge vor: die wunderbaren Wurzelgemüse und den schlanken Spargel. Ich rühre für Sie einen Risotto mit dem fast vergessenen Topinambur, übergieße zarten Spargel mit einer leichten Zitrusbuttersauce und zeige Ihnen Grundrezepte für cremige Gemüsesuppen und knusprige Bratkartoffeln.

Die Unterirdischen – himmlisch gut

Möhre, Sellerie, Petersilienwurzel – das Trio kennen wir aus jedem Bund Suppengemüse. Und Kartoffeln auch, keine Frage. Aber wann haben Sie das letzte Mal Pastinaken, Topinambur oder Rote Bete aufgetischt? Frisch aus der Erde sehen die Wurzeln und Knollen erst einmal unscheinbar und erdig aus. Schaut man jedoch unter die braune Schicht, kommt die wahre Schönheit ans Licht – herrliche Farben von cremigem Weiß über sattes Gelb oder Orange bis zu leuchtendem Rot – und beim Genuss ist man überrascht über ihre vielfältigen Geschmacksnuancen. Topinambur, Pastinake und Kartoffel schmecken eher sanft und zurückhaltend, Rote Bete und Möhre haben eine feine Süße, Petersilienwurzel kommt schon etwas kräftiger daher, und Knollensellerie ist so intensiv, dass er gerne einen dominanten Part übernimmt.

Vom Einkauf bis zur Lagerung

Wer Wurzelgemüse im Supermarkt kauft, bekommt gewaschenes Gemüse. Auf dem Wochenmarkt dagegen sehen die Knollen und Wurzeln oft ganz erdig aus, einfach so, wie sie aus dem Boden gezogen wurden. Manchmal sind sie auch noch mit üppigem Blattwerk ausgestattet. Dieses sollten Sie gleich nach dem Einkauf entfernen, denn das Gemüse hält länger, wenn es nicht noch seine Blätter versorgen muss. Für die Lagerung von Wurzeln ist das Gemüsefach des Kühlschranks ideal. Nehmen Sie das Gemüse aus der Verpackung, und umwickeln Sie es mit einem feuchten Küchentuch.

Spargel – nicht nur im Frühling

Mai und Juni sind die Wonnemonate für Spargelfans, jedenfalls für die Liebhaber des weißen Spargels. Grünen Spargel bekommen Sie das ganze Jahr über. In Frankreich und Italien zieht man diese kräftiger schmeckende Sorte sogar der weißen vor, und auch bei uns wird sie immer beliebter. Dafür gibt es noch ein paar gute Gründe: Grüner Spargel ist blitzschnell zubereitet, denn er braucht nicht geschält zu werden und ist in wenigen Minuten gar. Er passt hervorragend zu Fisch und kurz gebratenem Fleisch, zu Pasta oder in Suppen. Und er schmeckt kalt und warm gleichermaßen gut.

Wurzelgemüse zerkleinern

Scheiben, Würfel, Stücke – beim Anblick einer eher harten Wurzel fragen sich viele, wie man sie am besten zerkleinert. Hier drei Vorschläge:

Scheiben: Schön gleichmäßig werden sie mit einem Gemüsehobel oder einem scharfen Messer. Sehr dekorativ sind schräge Scheiben.

Stifte: Die Wurzel zuerst längs in dünne Scheiben hobeln und diese dann ebenfalls längs in schmale Stifte schneiden.

Kleine Würfel: Die Wurzel längs in nicht zu dünne Scheiben, dann in nicht zu dünne Streifen und zum Schluss in Würfel schneiden.

Wurzelgemüse im Salzbett garen

Trockenes Garen in Salz intensiviert den Geschmack und schont die Nährstoffe. Die Methode ist ideal für Rote Bete, aber auch für Kartoffeln oder Sellerieknollen, die zu Püree verarbeitet werden.

Die Blätter, falls vorhanden, abschneiden. Das Gemüse gründlich waschen oder abbürsten und trocken tupfen.

Reichlich grobes Meersalz auf einem Backblech oder in einer ofenfesten Form verteilen und das Gemüse daraufsetzen.

Im vorgeheizten Backofen bei 180 °C etwa 1 Stunde weich garen. Etwas abkühlen lassen, schälen oder aufbrechen und das Innere herauslösen.

Aromageber Gemüse

Klein geschnittenes Suppengemüse gehört zur traditionellen Küche wie Speck oder Kartoffeln. Wir Köche nennen die Mischung von Gemüsewürfeln, die als Grundlage für die meisten Suppen, Saucen und Schmorgerichte dient, in der französischen Küchensprache »Mirepoix«. Sie besteht meist aus Möhren, Sellerie, Zwiebeln und manchmal noch Lauch. Oft wird die Mischung angedünstet, für dunkle Saucen auch kräftig angeröstet (Lauch kommt dann erst zum Schluss dazu, damit er nicht verbrennt). Das italienische Pendant, »battuto«, enthält Stauden- statt Knollensellerie sowie Knoblauch und Petersilie.

Spargel – das Beste liegt ganz nah

Im Frühling geht es wieder los: Ganz Deutschland diskutiert, woher der beste weiße Spargel kommt. Die Berliner behaupten, aus Beelitz, die Münchner pochen auf Schrobenhausen, die Hamburger lassen nur den Heidespargel gelten, die Nürnberger den aus dem Knoblauchsland und die Stuttgarter den Schwetzinger. Sie haben alle recht: Der beste Spargel ist der frischeste, und das ist logischerweise der, der den kürzesten Transportweg hat. Die Enden der Spargelstangen schneide ich übrigens nicht ab, ich breche sie ab. An welcher Stelle, das ergibt sich ganz von selbst. Probieren Sie's einfach mal aus!

Rote-Bete-Carpaccio
mit Räucheraal

Zutaten für 4 Personen
400 g Rote Beten
grobes Meersalz
2–3 EL Weißweinessig
ca. 100 g Räucheraalfilet
8 EL bestes Olivenöl
4 TL alter Aceto balsamico
3 EL Schnittlauchröllchen
Fleur de Sel
Pfeffer aus der Mühle

Zubereitungszeit:
ca. 45 Minuten

1 Die Roten Beten waschen und in kochendem Salzwasser mit dem Essig etwa 30 Minuten garen. Die Roten Beten herausnehmen, auskühlen lassen und schälen – dabei am besten mit Einweghandschuhen arbeiten, damit sich die Hände nicht verfärben.

2 Die Roten Beten mit dem Gemüsehobel (siehe S. 27) in dünne Scheiben hobeln. Den Räucheraal in Stücke schneiden.

3 Das Olivenöl mit dem Essig und dem Schnittlauch zu einer Vinaigrette verrühren. Vier Teller mit der Vinaigrette bestreichen, die Rote-Bete-Scheiben darauf anrichten und mit Fleur de Sel und Pfeffer würzen.

4 Eine Pfanne leicht erhitzen und die Räucheraalstücke darin etwas erwärmen (nicht braten). Dann auf den Rote-Bete-Scheiben verteilen und mit der restlichen Vinaigrette beträufeln.

Marinierter roher Spargel
mit Pecorino und Zitronen-Vinaigrette

Zutaten für 4 Personen
400 g grüner Spargel
2 EL Zitronensaft
1 TL alter Aceto balsamico
Meersalz
Pfeffer aus der Mühle
6 EL Limetten-Olivenöl
ca. 50 g junger Pecorino (am Stück)

Zubereitungszeit:
ca. 15 Minuten

1 Den Spargel waschen und die Enden abbrechen. Mit dem Gemüsehobel längs in dünne Scheiben hobeln (siehe S. 27).

2 Den Zitronensaft mit Essig, Salz, Pfeffer und Limetten-Olivenöl zu einer Vinaigrette verrühren. Den Spargel mit der Vinaigrette mischen und auf Tellern oder in Schälchen anrichten.

3 Den Pecorino mit dem Käse- oder Trüffelhobel in dünnen Spänen über den Spargel hobeln und großzügig mit Pfeffer bestreuen.

Mein Tipp > Der marinierte Spargel begleitet auch sehr stilvoll ein edles Carpaccio. Ich schneide dafür 150 g Rinderfilet in dünne Scheiben, klopfe es zwischen zwei Lagen Frischhaltefolie hauchdünn, verteile es auf Tellern und gebe zum Schluss den Spargel darüber.

Möhren-Ingwer-Suppe

Zutaten für 4 Personen
2 Schalotten · 1 Knoblauchzehe
20 g Ingwer
10 g eingelegter Ingwer (Sushi-Ingwer)
500 g Möhren
5 EL Butter
2 TL brauner Zucker
Meersalz
Pfeffer aus der Mühle
800 ml Gemüsebrühe oder -fond
einige Stiele Koriander
1–2 EL Limettensaft

Zubereitungszeit: ca. 30 Minuten

1 Die Schalotten, den Knoblauch und den frischen Ingwer schälen und in feine Würfel schneiden. Den Sushi-Ingwer ebenfalls in feine Würfel schneiden. Die Möhren putzen, schälen und in Würfel schneiden.

2 In einem Topf 3 EL Butter erhitzen, die Schalotten, den Knoblauch sowie den frischen und eingelegten Ingwer einige Minuten darin andünsten. Die Möhren dazugeben und kurz mitdünsten. Den Zucker darüberstreuen und leicht karamellisieren. Mit Salz und Pfeffer würzen. Die Brühe angießen, aufkochen und alles etwa 15 Minuten köcheln lassen.

3 Den Koriander waschen, trocken schütteln und die Blätter abzupfen. Die Möhren mit dem Stabmixer im Topf pürieren. Mit Limettensaft, Salz und Pfeffer abschmecken. Die Suppe mit dem Stabmixer nochmals aufschäumen, dabei die restliche Butter untermixen. Mit den Korianderblättern bestreuen. Nach Belieben mit hauchdünn gehobeltem Ingwer anrichten.

Petersilienwurzelsuppe

Zutaten für 4 Personen
2 Schalotten · 1 Knoblauchzehe
400 g Petersilienwurzeln
5 EL Butter
Meersalz
Pfeffer aus der Mühle
800 ml Gemüsebrühe oder -fond
2–3 Zweige Thymian
2 EL gehobelte Haselnusskerne
100 g Sahne
1–2 EL Zitronensaft

Zubereitungszeit: ca. 30 Minuten

1 Die Schalotten und den Knoblauch schälen und in feine Würfel schneiden. Die Petersilienwurzeln putzen, schälen und ebenfalls in Würfel schneiden.

2 In einem Topf 3 EL Butter erhitzen, die Schalotten und den Knoblauch darin einige Minuten andünsten. Die Petersilienwurzeln dazugeben und kurz mitdünsten. Mit Salz und Pfeffer würzen. Die Brühe angießen, aufkochen und alles etwa 15 Minuten köcheln lassen.

3 Den Thymian waschen, trocken schütteln und die Blättchen abzupfen. Die restliche Butter erhitzen und die Haselnüsse darin anbraten. Den Thymian hinzufügen und kurz mitbraten.

4 Die Petersilienwurzeln mit dem Stabmixer im Topf pürieren und dabei die Sahne untermixen. Mit Salz, Pfeffer und Zitronensaft abschmecken und die Suppe mit der Haselnuss-Thymian-Butter beträufelt servieren.

Mein Tipp > Nach diesem Rezept können Sie auch Kartoffel-, Sellerie- und Pastinakensuppe zubereiten. Als Einlage schmecken knusprige Speckwürfel, kleine Landbrot-Croûtons oder gebratene Apfelwürfel.

Spargelsuppe
mit Brunnenkresse und pochiertem Ei

Zubereitungszeit: ca. 1 1/2 Stunden

Zutaten für 4 Personen

1 1/2 kg weißer Spargel · 1/2 unbehandelte Zitrone
1 Brötchen (vom Vortag) · 1/2 TL Zucker · Meersalz · 2 Schalotten
3 EL Butter · 100 ml trockener Wermut (z.B. Noilly Prat)
100 g Sahne · 1 Bund Brunnenkresse (ca. 100 g) · 2–3 EL Zitronensaft
3 EL Olivenöl · Pfeffer aus der Mühle · 100 ml milder Weißweinessig
4 sehr frische Eier

1 Den Spargel waschen, schälen und die Enden abbrechen. Die Schalen in einem Topf mit kaltem Wasser bedecken. Die Zitrone heiß waschen, in Scheiben schneiden und dazugeben. Das Brötchen und den Zucker hinzufügen und alles aufkochen (das Brötchen bindet die Bitterstoffe aus den Spargelschalen). Die Schalen auf der ausgeschalteten Herdplatte zugedeckt etwa 30 Minuten ziehen lassen. Ein Sieb mit einem Küchentuch auslegen, die Spargelschalen samt Flüssigkeit hineingießen und den Sud auffangen.

2 Von 16 Spargelstangen etwa 8 cm lange Spitzen abschneiden, den restlichen Spargel in kleine Stücke schneiden. Den Sud in einen Topf geben, aufkochen und mit Salz würzen. Die Spargelspitzen darin 6 bis 8 Minuten bissfest garen. Dann mit dem Schaumlöffel herausheben, kalt abschrecken und abtropfen lassen.

3 Die Schalotten schälen und in feine Würfel schneiden. Die Butter in einem Topf erhitzen, die Schalotten und die kleinen Spargelstücke darin andünsten. Den Wermut angießen und fast vollständig einkochen lassen. 800 ml Spargelsud abmessen, dazugeben und den Spargel 10 Minuten kochen. Die Sahne hinzufügen und weitere 10 Minuten kochen lassen.

4 Brunnenkresse verlesen, waschen und trocken schleudern. Grobe Stiele entfernen und die Kresse etwas zerzupfen. 1 EL Zitronensaft, Salz, Olivenöl und Pfeffer verrühren und mit der Kresse mischen. Den Spargel in der Flüssigkeit mit dem Stabmixer pürieren. Die Suppe mit Salz, Zucker und Zitronensaft abschmecken.

5 Reichlich Wasser und den Essig in einem weiten Topf zum Kochen bringen. Die Eier jeweils in eine Tasse aufschlagen. Die Eier nacheinander vorsichtig in den siedenden (nicht kochenden) Essigsud gleiten lassen (siehe Step 1) und dabei mit zwei Löffeln in Form halten (siehe Step 2). Die Eier etwa 4 Minuten gar ziehen lassen.

6 Je 4 Spargelspitzen auf vorgewärmten tiefen Tellern zu einem Quadrat anordnen und die Brunnenkresse darin anrichten. Die heiße Spargelsuppe nochmals kurz aufmixen und einfüllen. Die pochierten Eier mit dem Schaumlöffel aus dem Sud heben, nach Belieben auf drei Seiten einschneiden, aufklappen und auf die Brunnenkresse setzen. Mit grob gemahlenem Pfeffer bestreuen.

Spargel aus dem Ofen
mit Kabeljaufilet und Zitrusbuttersauce

Zutaten für 4 Personen

Für den Spargel:
1 1/2 kg Spargel
4 EL Butter
Meersalz
2 TL Puderzucker

Für die Zitrusbuttersauce:
2 große unbehandelte Orangen
3 große unbehandelte Zitronen
150 g weiche Butter
Meersalz

Für den Fisch:
2 Schalotten
800 ml Fischfond (aus dem Glas)
100 ml Weißwein
100 ml Wermut (z.B. Noilly Prat)
1 TL weiße Pfefferkörner
Meersalz
2 EL Butter
4 Kabeljaufilets (à 150–200 g)

Zubereitungszeit:
ca. 1 Stunde

1 Für den Spargel den Backofen auf 180 °C vorheizen. Den Spargel waschen und schälen, die Enden abbrechen und die Stangen in ein tiefes Backblech legen. Die Butter in Flöckchen darauf verteilen. Mit etwas Salz und dem Puderzucker bestreuen. Das Backblech fest mit Alufolie verschließen und den Spargel im Ofen auf der unteren Schiene etwa 40 Minuten garen.

2 Für die Zitrusbuttersauce die Orangen und Zitronen heiß waschen und trocken reiben. Je 1/2 TL Schale sehr fein abreiben. Die Orangen und die Zitronen halbieren und den Saft auspressen. 300 ml Orangensaft und 150 ml Zitronensaft abmessen und in einen Topf geben. Den Zitrussaft sirupartig auf etwa 4 EL einkochen lassen.

3 Für den Fisch die Schalotten schälen und in Scheiben schneiden. Den Fond, den Wein, den Wermut, die Schalotten, die Pfefferkörner, Salz und die Butter in einen weiten Topf geben und aufkochen lassen. Den Kabeljau waschen, mit Küchenpapier trocken tupfen, in vier Stücke schneiden und in den Sud legen. Den Topf vom Herd nehmen und den Fisch zugedeckt etwa 10 Minuten gar ziehen lassen.

4 Den eingekochten Zitrussaft von der Herdplatte nehmen und die Butter mit dem Schneebesen portionsweise unterschlagen. Die Orangen- und die Zitronenschale hinzufügen und die Sauce mit Salz abschmecken.

5 Den Spargel aus dem Ofen nehmen, mit dem Kabeljau und der Zitrusbuttersauce auf vorgewärmten Tellern anrichten und nach Belieben mit Zitruszesten garnieren. Dazu passen neue Kartoffeln.

Mein Tipp > Aus übrig gebliebenem gekochtem Spargel kann man köstliche Frühlingssalate zubereiten. Ich kombiniere ihn gerne mit Erdbeeren, Blattsalaten, Avocados, Garnelen oder Geflügelfleisch und mariniere das Ganze mit einer Zitronen-Vinaigrette, die ich mit Schnittlauch oder Kerbel aromatisiere.

Sellerieravioli
mit Staudensellerie und Trüffel

Zutaten für 4 Personen
Für den Nudelteig:
75 g Mehl
125 g Hartweizengrieß
2 Eier
Meersalz
Hartweizengrieß für die Arbeitsfläche
1 Eiweiß
Für die Füllung:
400 g geschälter Knollensellerie
100 ml Milch
100 g Sahne
3 EL Butter
Meersalz
Saft von 1/2 Zitrone
Für die Sauce:
2 Stangen Staudensellerie (mit Grün)
ca. 30 g schwarze Trüffel
100 g sehr kalte Butter
Meersalz
50 ml Madeira
400 ml Geflügelfond (aus dem Glas)
Pfeffer aus der Mühle

Zubereitungszeit: ca. 1 1/2 Stunden
Ruhezeit: ca. 1 Stunde

1 Für den Nudelteig das Mehl und den Grieß mischen, auf die Arbeitsfläche geben und in die Mitte eine Mulde drücken. Die Eier aufschlagen, in die Mulde geben und 1 Prise Salz hinzufügen. Alles zu einem glatten Teig verkneten. Den Teig zu einer Kugel formen, in Frischhaltefolie wickeln und mindestens 1 Stunde kühl stellen.

2 Für die Füllung den Knollensellerie in Würfel schneiden. Die Milch und die Sahne in einen kleinen Topf geben, den Sellerie hinzufügen und etwa 5 Minuten köcheln lassen. Die Butter in einem kleinen Topf erhitzen, bis sie hellbraun ist, dann durch ein feines Sieb gießen. Den Sellerie in der Flüssigkeit mit dem Stabmixer pürieren und die braune Butter dazugeben. Mit Salz und Zitronensaft würzen und abkühlen lassen.

3 Den Nudelteig vierteln. Die Nudelportionen mit Grieß bestreuen und mithilfe der Nudelmaschine dünn ausrollen. Die Hälfte der Teigbahnen auf die mit Grieß bestreute Arbeitsfläche legen. Die Selleriefüllung mit einem Teelöffel im Abstand von etwa 5 cm darauf verteilen. Die Zwischenräume mit dem verquirlten Eiweiß bestreichen. Die übrigen Nudelplatten darüberlegen und zwischen den Füllungen jeweils etwas andrücken. Mit einem Ausstecher Kreise von 5 cm Durchmesser ausstechen. Den überschüssigen Nudelteig entfernen und die Ränder der Ravioli rundum gut andrücken.

4 Für die Sauce den Staudensellerie putzen und waschen. Das Grün beiseitelegen und die Stangen in feine Stifte schneiden. Die Hälfte der Trüffel ebenfalls in feine Stifte schneiden. In einer Pfanne 5 EL Butter zerlassen. Die Sellerie- und Trüffelstifte darin andünsten. Mit Salz würzen, mit dem Madeira ablöschen und einkochen lassen. Den Fond dazugießen und etwa 5 Minuten köcheln lassen.

5 In einem weiten Topf reichlich Salzwasser zum Kochen bringen und die Ravioli darin bei schwacher Hitze 3 bis 5 Minuten gar ziehen lassen. Die übrige Butter in Stückchen unter die heiße Sauce rühren und mit Salz und Pfeffer würzen. Die Ravioli mit dem Schaumlöffel herausheben und abtropfen lassen, in die Pfanne geben und in der Sauce schwenken. Die Ravioli auf vorgewärmten Tellern anrichten und die restliche Trüffel fein darüberhobeln. Mit dem Selleriegrün garnieren.

Mein Tipp > Natürlich können Sie auch ohne Nudelmaschine Pasta machen. Der Teig lässt sich mit etwas Übung von Hand genauso dünn ausrollen. Besonders gleichmäßig gelingt das mit dem Mattarello, einem sehr langen Nudelholz, das die italienischen Pastifici (Nudelmacher) verwenden. Man bekommt es in gut sortierten Küchenfachgeschäften und natürlich im Internet.

Topinambur-Risotto
mit geschmolzenem Taleggio

1

2

Zubereitungszeit:
ca. 1 Stunde

Zutaten für 4 Personen

600 g Topinambur · 1 Schalotte · 1 Knoblauchzehe
800 ml Geflügel- oder Gemüsefond (aus dem Glas)
200 g Risottoreis (z.B. Carnaroli) · 5 EL Butter · Meersalz
50 ml Weißwein · 4–5 Stiele Petersilie · 1 Zweig Rosmarin
ca. 100 ml Öl zum Frittieren · 120 g Taleggio
50 g geriebener Parmesan · Pfeffer aus der Mühle

1 Etwa 100 g Topinambur beiseitelegen. Den restlichen Topinambur schälen (siehe Step 1), waschen und in kleine Würfel schneiden. Die Schalotte und den Knoblauch schälen und in feine Würfel schneiden. Den Fond in einem Topf zum Kochen bringen.

2 Den Reis in ein Sieb geben, unter fließendem Wasser waschen und abtropfen lassen. In einem Topf 3 EL Butter erhitzen und die Schalotte und den Knoblauch darin glasig dünsten. Die Topinambur-Würfel dazugeben und leicht salzen. Den Reis hinzufügen und unter Rühren einige Minuten andünsten. Den Wein dazugießen und unter Rühren einkochen lassen. Nach und nach etwas heißen Fond angießen und unter Rühren einkochen lassen. Den Vorgang so oft wiederholen, bis der Reis bissfest ist und der Risotto eine cremige Konsistenz hat (das dauert 20 bis 30 Minuten).

3 Die Petersilie und den Rosmarin waschen und trocken schütteln, die Blätter bzw. Nadeln abzupfen und fein schneiden. Den beiseitegelegten Topinambur schälen und auf dem Gemüsehobel in dünne Scheiben hobeln (siehe S. 27). Das Öl in einem kleinen Topf erhitzen – es hat die richtige Temperatur, wenn an einem hineingetauchten Holzlöffelstiel kleine Bläschen aufsteigen. Den Topinambur im Öl knusprig frittieren (siehe Step 2). Mit dem Schaumlöffel herausheben und auf Küchenpapier abtropfen lassen.

4 Den Backofen auf 250 °C vorheizen. Den Taleggio in vier Stücke schneiden, auf einen ofenfesten Teller geben und im Ofen auf der oberen Schiene leicht schmelzen lassen.

5 Den Risotto vom Herd nehmen und die restliche Butter, den Parmesan, die Petersilie und den Rosmarin unterrühren. Mit Salz und Pfeffer abschmecken. Den Risotto auf vorgewärmten Tellern anrichten. Den Taleggio und die Topinambur-Chips darauf verteilen.

Klassische Bratkartoffeln

Zutaten für 2 Personen
400 g festkochende Kartoffeln (z. B. Linda, La Ratte)
grobes Meersalz
1/2 TL ganzer Kümmel
3 EL Butterschmalz
2 Schalotten
40 g Tiroler Speck
2 EL Butter · Meersalz
Pfeffer aus der Mühle
2–3 EL Schnittlauchröllchen

Zubereitungszeit: ca. 1 Stunde

1 Am Vortag die Kartoffeln gründlich waschen und in einen Topf geben. So viel Wasser angießen, dass die Kartoffeln knapp bedeckt sind. Etwa 1 EL grobes Salz und den Kümmel hinzufügen und die Kartoffeln je nach Größe etwa 20 Minuten garen. Abgießen, ausdampfen und abkühlen lassen.

2 Am nächsten Tag die Kartoffeln pellen und in 1 cm dicke Scheiben schneiden. Das Butterschmalz in einer großen Pfanne erhitzen. Die Kartoffelscheiben nebeneinander hineinlegen und bei mittlerer Hitze auf beiden Seiten goldbraun braten.

3 Die Schalotten schälen und mit dem Speck in sehr feine Würfel schneiden. Die gebratenen Kartoffeln in ein Sieb geben und abtropfen lassen. Die Pfanne mit Küchenpapier austupfen und die Bratkartoffeln wieder hineingeben. Die Butter dazugeben und die Kartoffeln darin schwenken. Den Speck untermischen und kurz anbraten. Die Schalotten untermischen und 2 bis 3 Minuten mitbraten. Die Bratkartoffeln mit Salz und Pfeffer würzen und mit Schnittlauch bestreuen.

Variation: Für Steinpilz-Bratkartoffeln die Kartoffeln vor dem Braten in Würfel schneiden. 200 g in Scheiben geschnittene Steinpilze mit je 1 EL Knoblauch- und Schalottenwürfeln in Butter braten und zu den gebratenen Kartoffeln geben. Mit Majoran und Lardo (ital. fetter Speck) anrichten.

Mediterrane Bratkartoffeln

Zutaten für 2 Personen
400 g festkochende Kartoffeln (z. B. Linda, La Ratte)
grobes Meersalz
1/2 TL Fenchelsamen
4 EL Olivenöl · 2 Schalotten
2 Knoblauchzehen
je 1 TL Thymianblättchen und Rosmarinnadeln
40 g schwarze Oliven (entsteint; z. B. Taggiasca-Oliven)
1–2 EL extra natives Olivenöl
200 g Salsiccia (ital. grobe rohe Bratwurst)
Meersalz · Pfeffer aus der Mühle

Zubereitungszeit: ca. 1 Stunde

1 Am Vortag die Kartoffeln gründlich waschen und in einen Topf geben. So viel Wasser angießen, dass die Kartoffeln knapp bedeckt sind. Etwa 1 EL grobes Salz und die Fenchelsamen hinzufügen und die Kartoffeln je nach Größe etwa 20 Minuten garen. Abgießen, ausdampfen und abkühlen lassen.

2 Am nächsten Tag die Kartoffeln pellen und in 1 cm dicke Scheiben schneiden. Das Olivenöl in einer großen Pfanne erhitzen. Die Kartoffelscheiben nebeneinander hineinlegen und bei mittlerer Hitze auf beiden Seiten goldbraun braten.

3 Die Schalotten schälen und in feine Würfel schneiden. Den Knoblauch schälen und in Scheiben schneiden. Die Kräuter grob schneiden und die Oliven halbieren. Die Bratkartoffeln in ein Sieb geben und abtropfen lassen. Die Pfanne mit Küchenpapier austupfen. Die Kartoffeln wieder in die Pfanne geben und das extra native Olivenöl hinzufügen.

4 Die Salsiccia in kleinen Portionen aus der Pelle direkt zu den Kartoffeln in die Pfanne drücken und unter Schwenken kurz anbraten. Die Schalotten und den Knoblauch dazugeben und 2 bis 3 Minuten anbraten. Oliven und Kräuter unterheben. Die Bratkartoffeln mit Salz und Pfeffer würzen.

Eintopf von Wurzelgemüse
mit Rindfleisch

Zutaten für 4 Personen
100 g festkochende Kartoffeln (z.B. violette Kartoffeln)
100 g Möhren (z.B. Lila Luder; siehe Tipp)
100 g Knollensellerie
100 g Pastinaken
100 g Petersilienwurzeln
600 g Rindfleisch (aus der Schulter, z.B. Mittelbug)
3–4 Zweige Thymian
4 EL Olivenöl
Meersalz
Pfeffer aus der Mühle
2 TL Zucker
100 ml Weißwein
800 ml Rinderfond oder -brühe
1 Bund Frühlingszwiebeln
1/2 Bund Petersilie
1 unbehandelte Zitrone

Zubereitungszeit: ca. 1 1/2 Stunden

1 Die Kartoffeln schälen und waschen. Möhren, Knollensellerie, Pastinaken und Petersilienwurzeln putzen und schälen. Die Kartoffeln und das Wurzelgemüse in Würfel schneiden. Das Fleisch mit Küchenpapier trocken tupfen und in grobe Würfel schneiden. Den Thymian waschen und trocken schütteln.

2 In einem Schmortopf 2 EL Olivenöl erhitzen. Das Fleisch leicht mit Salz würzen und im Öl rundum kräftig anbraten. Mit Pfeffer würzen und herausheben.

3 Das restliche Olivenöl in dem Topf erhitzen und das Gemüse darin einige Minuten anbraten. Mit dem Zucker bestreuen und unter Rühren kurz karamellisieren. Mit Salz und Pfeffer würzen. Den Wein angießen und einkochen lassen.

4 Das Fleisch zum Gemüse geben und den Fond dazugießen. Den Eintopf zugedeckt bei schwacher Hitze etwa 1 Stunde köcheln lassen.

5 Die Frühlingszwiebeln putzen, waschen und in Stücke schneiden. Zum Wurzelgemüse in den Topf geben, 2 bis 3 Minuten mitköcheln lassen und alles mit Salz und Pfeffer abschmecken.

6 Die Petersilie waschen und trocken schütteln, die Blätter abzupfen und fein schneiden. Die Zitrone heiß waschen und trocken reiben. Die Schale fein abreiben und mit der Petersilie mischen. Die Mischung kurz vor dem Servieren über den Eintopf streuen.

Mein Tipp > Ein Hingucker auf Märkten und in gut sortierten Gemüseläden sind die »Lila Luder«, eine Möhrensorte, die außen dunkellila, innen aber wie gewohnt orange ist. Es handelt sich dabei um eine Kreuzung aus der bekannten orangefarbenen Möhre und einer violetten Urmöhre. Die lila Außenschicht der Möhre enthält Anthocyane – bioaktive Pflanzenstoffe –, die auch in Schwarzen Johannisbeeren, Brombeeren und blauen Trauben vorkommen und den Organismus vor freien Radikalen schützen.

HÜLSENFRÜCHTE

So mancher rümpft beim Thema Hülsenfrüchte die Nase – ich gehöre nicht dazu. Im Gegenteil: Ich bin ein absoluter Fan der leckeren Schoten und Kerne. Sie sind unheimlich wandlungsfähig und dabei preiswert und super gesund. In diesem Kapitel bereite ich für Sie eine köstliche Suppe aus weißen Bohnen zu, kombiniere Linsen mit Pasta und Palbohnen mit Muscheln und mache mit einem Kichererbsen-Hähnchen-Topf einen kleinen Ausflug in die orientalische Küche, wo Hülsenfrüchte – wie auch in Italien – zu den unbestrittenen Lieblingen gehören. Kochen Sie die Gerichte einfach mal nach, vielleicht kommen die Kleinen dann auch bei Ihnen ganz groß raus!

Diese Früchte ernähren die Welt

Hülsenfrüchte nennt man die Samenkerne verschiedener Schoten – Bohnen, Linsen, Erbsen oder Kichererbsen. Meist werden sie getrocknet angeboten, zur Erntezeit bekommt man die jungen Kerne einiger Schoten auch frisch, so etwa die zarten Markerbsen oder Palbohnen. Es gibt unzählige Sorten von Hülsenfrüchten, jede Region hat ihre eigenen Vorlieben. Im Orient schätzt man besonders Linsen und Kichererbsen, in Südamerika schwarze Bohnen, in Japan die feinen Adzukibohnen, in den USA die roten Kidneybohnen. Und eines ist schon seit der Steinzeit klar: Hülsenfrüchte sind richtig gut für uns. Sie enthalten neben reichlich Kohlenhydraten viele Ballaststoffe und auch jede Menge Eiweiß (Proteine), Eisen und Folsäure.

Hülsenfrüchte haben es in sich

Die in Hülsenfrüchten enthaltenen Proteine liefern lebenswichtige Bausteine, die unser Organismus nicht selber herstellen kann und die man sonst vorwiegend in tierischen Lebensmitteln findet. Bohnen, Linsen & Co. sind deshalb gerade bei einer fleischarmen oder vegetarischen Ernährung von großer Bedeutung. Kombiniert man Hülsenfrüchte mit Getreide, wie es viele Völker schon seit Urzeiten tun, erhält man eine noch wertvollere Proteinzusammensetzung. Wichtig zu wissen: Rohe Bohnen und Kichererbsen enthalten den gesundheitsschädlichen Stoff Phasin und müssen in jedem Fall vor dem Verzehr gekocht werden. Das Kochwasser bitte nicht weiterverwenden.

Manchmal kommt es dicke

Ein kulinarischer Glücksfall unter den Bohnen sind die Dicken Bohnen, auch Saubohnen, Ackerbohnen, Puffbohnen oder – nach ihrer italienischen Bezeichnung – Fave-Bohnen genannt. Gegessen werden nicht die ganzen Schoten, sondern die ausgelösten Kerne. Bevor Kartoffeln in unseren Breiten zum Grundnahrungsmittel wurden, nahmen Ackerbohnen ihren Platz ein. Wegen ihrer schönen hellgrünen Farbe und ihres feinen nussigen Geschmacks sind frische Fave-Bohnen meine absoluten Lieblingshülsenfrüchte.

Hülsenfrüchte einweichen und garen

Getrocknete Bohnen, Erbsen und Kichererbsen müssen eine Zeit lang eingeweicht werden, damit sie beim Kochen schön weich werden. Bei Linsen ist das anders: Sie werden auch ohne Einweichen relativ schnell gar. Vorsicht: Hülsenfrüchte sollten ohne Salz gegart werden, sonst werden sie nicht richtig weich.

Hülsenfrüchte in reichlich kaltem Wasser über Nacht kühl gestellt einweichen. Nach Belieben einige Kräuterzweige hinzufügen.

Abgegossene Hülsenfrüchte mit Kräutern, Schalotten- und Knoblauchwürfeln in Olivenöl andünsten, mit Wasser oder Fond aufgießen.

Hülsenfrüchte nach Packungsanweisung köcheln lassen. Den an die Oberfäche steigenden Eiweißschaum abschöpfen.

Drei schnelle Bohnensalate

Mit weißen Bohnen aus der Dose können Sie im Handumdrehen leckere Salate für einen schnellen Imbiss, ein Picknick oder eine Party zaubern. Meine Lieblingskombinationen:

Mit Thunfisch: Bohnen, Zwiebelringe, geviertelte Kirschtomaten, eingelegter Thunfisch, Petersilie und Zitronen-Vinaigrette (siehe S. 13)

Mit Meeresfrüchten: Bohnen, gegrillte Paprikastreifen, rote Zwiebeln, Meeresfrüchtesalat, Basilikum und Zitronen-Vinaigrette (siehe S. 13)

Mit Speck: Bohnen, gegarte Kartoffeln, grüne Bohnen, knusprig gebratener Tiroler Speck, Bohnenkraut und klassische Vinaigrette (siehe S. 13)

Begleiter mit Geschmack

Dass Hülsenfrüchte viele Ballaststoffe enthalten, hat auch einen kleinen Nachteil: Sie sind schwer verdaulich, denn einige ihrer Bestandteile können im oberen Verdauungstrakt nicht aufgespalten werden. Sie landen deshalb unverdaut im Darm, was dem einen oder anderen Probleme bereiten kann. Wie gut, dass man Hülsenfrüchte mit einer Vielzahl von Gewürzen und Kräutern kombinieren kann, die die Verdauungsarbeit erleichtern und dazu noch feine Aromen an die Gerichte bringen. Dazu gehören Anis, Kardamom, Wacholder, Koriander, Fenchel, Kümmel, Ingwer, Bohnenkraut, Majoran, Rosmarin, Salbei und Thymian.

Die Stars der feinen Küche

Lange Zeit waren Hülsenfrüchte aus der Gourmetküche verschwunden. Jetzt hat man sie zum Glück wieder entdeckt. Zu neuen Ehren kommen vor allem die Linsen. So begeistern neuerdings die rötlich braunen, leicht mehligen Château-Linsen aus Frankreich, die schwarzen, glänzenden Beluga-Linsen, die grünen, nussigen Berglinsen aus Umbrien, braune Pantelleria-Linsen oder gelbe und rote Linsen viele Köche und Feinschmecker. Und das natürlich nicht wegen ihrer relativ kurzen Garzeit, sondern wegen ihres exquisiten Geschmacks und ihrer vielseitigen Verwendungsmöglichkeiten.

Bohnen-Romana-Salat
mit knusprigem Ziegenkäse-Panino

1

2

3

Zubereitungszeit:
ca. 45 Minuten

Zutaten für 4 Personen
250 g frische Fave-Bohnenkerne (Dicke Bohnen oder Saubohnen)
Meersalz · 2 Mini-Römersalate · 2 Limetten · 2 Knoblauchzehen
brauner Zucker · Pfeffer aus der Mühle
1 TL abgeriebene unbehandelte Zitronenschale · 80–100 ml Olivenöl
1 Stiel Minze · 2 Stiele Basilikum
4 Scheiben Sandwich- oder Tramezzinibrot
4 Ziegenfrischkäsetaler (à ca. 30 g) · 4 Zweige Thymian
ca. 50 g Pecorino (am Stück)

1 Die Bohnen in kochendem Salzwasser etwa 3 Minuten garen. In ein Sieb abgießen, eiskalt abschrecken und abtropfen lassen. Die Bohnenkerne aus den Häutchen drücken. Die Römersalate putzen, waschen und längs vierteln.

2 Die Limetten halbieren und auspressen. Den Knoblauch schälen. Den Limettensaft mit 1 Knoblauchzehe und 1 Prise braunem Zucker in einen kleinen Topf geben und auf 2 bis 3 EL einkochen lassen. Die Flüssigkeit durch ein Sieb gießen und abkühlen lassen.

3 Die Limettensaftreduktion, Salz, Pfeffer, Zitronenschale und 5 bis 6 EL Olivenöl verrühren. Die Hälfte der Vinaigrette mit den Bohnen mischen. Die Minze und das Basilikum waschen und trocken schütteln, die Blätter abzupfen und fein schneiden. Die Kräuter zu den Bohnen geben und untermischen. Die Bohnen mit Salz und Pfeffer abschmecken.

4 Das Sandwichbrot zwischen zwei Lagen Frischhaltefolie mit dem Nudelholz dünn ausrollen (siehe Step 1). 8 Kreise in Größe der Ziegenkäsetaler ausstechen (siehe Step 2). Jeden Frischkäsetaler auf einen Brotkreis legen und mit einem zweiten Brotkreis bedecken. Die Panini gut andrücken.

5 Den restlichen Knoblauch leicht andrücken. Das übrige Olivenöl mit Knoblauch und Thymianzweigen erhitzen und die Ziegenkäse-Panini darin auf beiden Seiten goldbraun braten (siehe Step 3). Herausheben und auf Küchenpapier abtropfen lassen. Den Römersalat auf vier Teller verteilen, mit der restlichen Vinaigrette beträufeln und die marinierten Bohnen darübergeben. Die Ziegenkäse-Panini daneben anrichten und den Pecorino darüberreiben.

Weiße Bohnensuppe

Zutaten für 4 Personen
300 g getrocknete Cannellini-Bohnen (oder andere weiße Bohnen)
je 1 Zweig Rosmarin, Salbei und Thymian
2 Schalotten · 2 Knoblauchzehen
3 EL Olivenöl
1 Msp. Piment d'Espelette (oder Cayennepfeffer)
1 Msp. gemahlener Kreuzkümmel
ca. 1 l Hühnerbrühe
Meersalz · Pfeffer aus der Mühle
einige Spritzer Zitronensaft
4 TL Arganöl

Zubereitungszeit: ca. 1 1/4 Stunden
Einweichzeit: 1 Tag

1 Am Vortag die Bohnen mit den Kräuterzweigen in reichlich kaltem Wasser einweichen.

2 Am nächsten Tag die Bohnen mit den Kräutern in ein Sieb abgießen und abtropfen lassen. Die Schalotten und den Knoblauch schälen und in feine Würfel schneiden. Das Olivenöl in einem Topf erhitzen, die Schalotten und den Knoblauch darin andünsten. Die Bohnen mit den Kräutern dazugeben und mit Piment d'Espelette und Kreuzkümmel würzen. Die Brühe hinzufügen und die Bohnen bei schwacher Hitze etwa 30 Minuten bissfest garen. 8 EL Bohnen herausnehmen und beiseitestellen. Die restlichen Bohnen weitere 20 bis 30 Minuten weich garen.

3 Die Kräuterzweige entfernen und die Bohnen im Kochsud mit dem Stabmixer pürieren, nach Belieben durch ein Sieb streichen. Falls die Suppe zu dick ist, noch etwas Brühe hinzufügen. Die Suppe mit Salz, Pfeffer und Zitronensaft abschmecken. Kurz vor dem Servieren nochmals aufmixen und auf Teller verteilen. Die beiseitegelegten Bohnen hineingeben und die Suppe mit Arganöl beträufeln. Nach Belieben noch kleine gebratene Salsiccia-Klößchen hineingeben.

Variation: Für ein Bohnenpüree, z. B. als Beilage zu kurz gebratenem Lamm oder Rindfleisch, die gegarten Bohnen in ein Sieb gießen, abtropfen lassen und mit so viel Kochflüssigkeit pürieren, dass ein dickcremiges Püree entsteht.

Bohnen-Crostini mit Lardo

Zutaten für 12 Stück
150 g getrocknete Cannellini-Bohnen (oder andere weiße Bohnen)
je 1 Zweig Rosmarin und Salbei
3–4 Zweige Thymian
2 Schalotten · 2 Knoblauchzehen
5 EL Olivenöl
1 Msp. Piment d'Espelette (oder Cayennepfeffer)
1/2 l Hühnerbrühe
Meersalz · Pfeffer aus der Mühle
einige Spritzer Zitronensaft
12 Scheiben Baguette
12 hauchdünne Scheiben Lardo (ital. fetter Speck)

Zubereitungszeit: ca. 1 1/2 Stunden
Einweichzeit: 1 Tag

1 Am Vortag die Bohnen mit dem Rosmarin-, Salbei- und 1 Thymianzweig in reichlich kaltem Wasser einweichen.

2 Am nächsten Tag die Bohnen mit den Kräutern in ein Sieb abgießen und abtropfen lassen. Die Schalotten und 1 Knoblauchzehe schälen und in feine Würfel schneiden. 2 EL Olivenöl in einem Topf erhitzen, die Schalotten und den Knoblauch darin andünsten. Die Bohnen mit den Kräutern dazugeben und mit Piment d'Espelette würzen. Die Brühe hinzufügen und die Bohnen bei schwacher Hitze etwa 1 Stunde weich garen. Dann die Kräuter entfernen.

3 Die Bohnen in ein Sieb gießen, dabei den Kochsud auffangen. Die Bohnen in einen hohen Rührbecher geben und mit dem Stabmixer pürieren. Dabei so viel Kochflüssigkeit dazugeben, dass eine dickcremige Paste entsteht. Die Bohnenpaste durch ein Sieb streichen und mit Salz, Pfeffer und Zitronensaft würzen.

4 Die restliche Knoblauchzehe schälen und leicht andrücken. Das übrige Olivenöl in einer Pfanne erhitzen, Knoblauch und restlichen Thymian dazugeben und die Baguettescheiben darin auf beiden Seiten knusprig braten. Herausnehmen und auf Küchenpapier abtropfen lassen. Die warme Bohnencreme auf die Crostini geben und mit dem Lardo belegen. Nach Belieben mit frittierten Salbeiblättern garnieren.

Bohnen-Muschel-Topf
mit Garnelen

Zutaten für 4 Personen
300 g frische Palbohnen
(oder 150 g getrocknete
Cannellini-Bohnen)
1 Zwiebel
1 Lorbeerblatt
1 Gewürznelke
8 EL Olivenöl
Meersalz
2 getrocknete Chilischoten
500 g Venusmuscheln
1 Zucchino
1 Fenchelknolle
2 Knoblauchzehen
150 ml Weißwein
8 Riesengarnelen (mit Kopf
und Schale; à 50–60 g)
einige Zweige Thymian
200 g Kirschtomaten
je 1–2 Stiele Koriander,
Estragon und Basilikum

Zubereitungszeit:
ca. 1 1/2 Stunden

1 Die Bohnen waschen (getrocknete Bohnen über Nacht in kaltem Wasser einweichen). Die Zwiebel schälen und das Lorbeerblatt mit der Nelke auf der Zwiebel feststecken. Die Bohnen mit der gespickten Zwiebel und 2 EL Olivenöl in einen Topf geben und mit Wasser bedecken. Die Bohnen zugedeckt etwa 20 Minuten bissfest garen (getrocknete Bohnen 30 bis 45 Minuten), dabei mehrmals den an die Oberfläche steigenden Schaum abschöpfen. Mit Salz abschmecken und die Spickzwiebel entfernen.

2 Eine Chilischote fein hacken und mit den Muscheln in einer Schüssel mischen. Die Muscheln in der Schüssel unter fließendem kaltem Wasser gründlich abbürsten, bereits geöffnete Exemplare entfernen.

3 Den Zucchino putzen, waschen, längs halbieren und das weiche Innere mit einem Teelöffel herauskratzen. Den Zucchino in Scheiben schneiden. Den Fenchel putzen und waschen, halbieren und den Strunk entfernen. Die Hälften in Scheiben schneiden. 1 Knoblauchzehe schälen und in Scheiben schneiden. Die restliche Chilischote zerbröseln.

4 In einem Topf 3 EL Olivenöl erhitzen, den Zucchino, den Fenchel, den Knoblauch und die Chilibrösel darin andünsten. Mit Salz würzen, den Wein angießen und einige Minuten einkochen lassen. Die Muscheln dazugeben und zugedeckt etwa 5 Minuten garen. Nicht geöffnete Exemplare aussortieren und die Bohnen samt Sud zur Muschelmischung geben. Den Muscheltopf mit Salz abschmecken.

5 Die Garnelen bis auf den Schwanzfächer schälen, am Rücken leicht einschneiden und mit einem spitzen Messer den dunklen Darm entfernen. Die Garnelen waschen und trocken tupfen. Die restliche Knoblauchzehe schälen und leicht andrücken. Das übrige Olivenöl in einer Pfanne erhitzen und die Garnelen mit dem Knoblauch und den Thymianzweigen darin 2 bis 3 Minuten braten. Die Kirschtomaten waschen und kurz mitbraten. Koriander, Estragon und Basilikum waschen und trocken tupfen, die Blätter abzupfen, fein schneiden und mit den Garnelen und den Tomaten unter den Bohnen-Muschel-Topf heben.

Mein Tipp > Vongole veraci nennt man in Italien die beliebten kleinen hellbraunen Venusmuscheln. Man findet sie an sandigen warmen Küsten und erkennt sie an den konzentrischen Rippen in der Schale. Venusmuscheln bekommt man mit etwas Glück frisch, oft sind sie aber tiefgekühlt. In Feinkostläden gibt es auch Muscheln im Glas, sie sind aber weit weniger aromatisch.

Pasta
mit Balsamico-Linsen und Knusperschinken

Zubereitungszeit:
ca. 1 Stunde

Zutaten für 4 Personen

1 TL Korianderkörner · 3 Schalotten · 1 Knoblauchzehe · 7 EL Olivenöl
200 g Pantelleria- oder Château-Linsen · 1 Msp. Safranfäden
ca. 1/2 l Geflügelfond (oder Hühnerbrühe) · Meersalz
Pfeffer aus der Mühle · einige Spritzer alter Aceto balsamico
300 g Ditali (kurze Röhrennudeln) · 8 Scheiben Parmaschinken

1 Den Koriander in den Mörser geben und fein zerstoßen. Die Schalotten und den Knoblauch schälen und in feine Würfel schneiden. In einem Topf 3 EL Olivenöl erhitzen, die Schalotten und den Knoblauch darin andünsten. Die Linsen, den Safran und den Koriander hinzufügen und kurz mitdünsten. Den Fond dazugeben und die Linsen zugedeckt etwa 30 Minuten köcheln lassen. Falls nötig, noch etwas Fond oder Brühe dazugießen. Die Linsen mit Salz, Pfeffer und Essig abschmecken.

2 Die Nudeln nach Packungsanweisung in reichlich kochendem Salzwasser bissfest garen.

3 Das restliche Olivenöl in einer Pfanne erhitzen und den Schinken darin knusprig braten (siehe Step 1). Herausnehmen, auf Küchenpapier abtropfen lassen und mit den Fingern zerbröseln (siehe Step 2).

4 Die Ditali in ein Sieb abgießen, abtropfen lassen und mit den Linsen mischen. Die Pasta mit Essig, Salz und Pfeffer abschmecken und in tiefen Tellern anrichten. Die Schinkenbrösel darüberstreuen.

Mein Tipp > Die knusprigen Schinkenbrösel schmecken nicht nur herrlich würzig, sie sehen auch attraktiv aus. Außer über Pasta können Sie sie auch über Crostini, zum Beispiel mit Bohnenpüree (siehe S. 51, Variation), oder Suppen, zum Beispiel Petersilienwurzelsuppe (siehe S. 31), streuen.

Hähnchentopf
mit Kichererbsen und Tomaten

Zutaten für 4 Personen

1 Gemüsezwiebel
2 Knoblauchzehen
1 Stück Ingwer (ca. 2 cm)
1/2 TL Kreuzkümmelsamen
1/2 TL Korianderkörner
500 g Tomaten
1 Poularde (ca. 1 1/2 kg; vom Geflügelhändler in 8 Teile zerlegt)
Meersalz
2 EL Olivenöl
3 EL Butter
1 TL edelsüßes Paprikapulver
1/2 TL gemahlene Kurkuma
400 g Kichererbsen (aus der Dose)
Pfeffer aus der Mühle
Zucker · 1 Zimtstange
1/2 Bund Koriander

Zubereitungszeit: ca. 1 Stunde

1 Die Zwiebel, den Knoblauch und den Ingwer schälen und in feine Würfel schneiden. Den Kreuzkümmel mit dem Koriander in den Mörser geben und fein zerstoßen. Die Stielansätze der Tomaten herausschneiden. Die Tomaten kurz in kochendes Wasser geben, herausheben, kalt abschrecken und häuten. Die Tomaten vierteln, entkernen und das Fruchtfleisch in Würfel schneiden.

2 Die Hähnchenteile waschen, mit Küchenpapier gut trocken tupfen und mit Salz und der Gewürzmischung einreiben. Das Olivenöl und 2 EL Butter in einem Schmortopf erhitzen und die Hähnchenteile darin rundum goldbraun anbraten. Die Geflügelteile herausnehmen und auf einen Teller legen. Zwiebel, Knoblauch und Ingwer ins Bratfett geben und unter Rühren etwa 5 Minuten weich dünsten. Den Paprika mit dem Kurkuma unterrühren und kurz mitdünsten.

3 Die Kichererbsen in ein Sieb abgießen, abbrausen und abtropfen lassen. Mit den Tomaten in den Schmortopf geben, mit Salz, Pfeffer und 1 Prise Zucker würzen und die Zimtstange dazugeben. Die Hähnchenteile darauflegen und zugedeckt bei schwacher Hitze etwa 30 Minuten schmoren.

4 Den Koriander waschen und trocken schütteln, die Blätter abzupfen und grob schneiden. Die Geflügelteile herausnehmen und nach Belieben unter dem vorgeheizten Backofengrill noch etwas knusprig braten. Das Kichererbsen-Tomaten-Gemüse mit Salz und Pfeffer abschmecken, den Koriander unterheben und mit den Hähnchenteilen servieren.

Mein Tipp > In der nordafrikanischen Küche bereitet man Gemüse- und Fleischgerichte wie diesen Hähnchen-Kichererbsen-Topf meist in einer Tajine zu. Dieser traditionelle Schmortopf (früher aus Ton) besitzt einen konischen Deckel, dessen Spitze während des Garens mit Wasser befüllt wird und für einen Wasser-Dampf-Kreislauf sorgt, durch den die Lebensmittel besonders schonend gegart werden.

PASTA

Ich liebe Pasta über alles. Ein Teller »al dente« gekochter Nudeln, bestes Olivenöl, frisch geriebener Parmesan – mehr brauche ich nicht zum Glücklichsein. Und Pasta passt zu allem. Weil sie jeden Partner wunderbar zur Geltung bringt, ohne sich selbst in den Vordergrund zu spielen. Lernen Sie mit mir die bunte Welt der Pastaküche kennen. Ich zeige Ihnen, wie vielfältig Pasta sein kann: ganz klassisch mit Tomatenpesto oder Knoblauch und Olivenöl, rustikal mit Salsiccia, aber auch sehr edel mit Sellerie und Trüffeln. Neben einigen blitzschnellen Pastazubereitungen gebe ich Ihnen noch ein einfaches Rezept für selbst gemachte Nudeln an die Hand.

Italiens größter Exportschlager

Pasta, das italienische Wort für Nudeln, bedeutet nichts anderes als Teig. Ein Teig aus Mehl und/oder Hartweizengrieß, verrührt mit etwas Wasser und Salz, ist die Basis aller Nudelsorten. Trocknet man den Teig, entsteht ein enorm haltbares Produkt, die »Pasta secca« (trockene Nudeln, Hartweizennudeln). Wie vieles in der italienischen Küche sind Hartweizennudeln eine Erfindung der Armeleuteküche. Wahrscheinlich wurden im kargen Süden des Landes die ersten Nudeln von den kunstfertigen Händen der Hausfrauen geformt und zum Trocknen in der Sonne ausgebreitet. Man kombinierte sie mit preiswerten Zutaten wie Chili, Öl, Knoblauch und Gemüse und perfektionierte sie im Laufe der Zeit zu Klassikern, die heute die ganze Welt kennt und liebt.

Pasta – mit und ohne Ei

Es gibt zahllose fantasievolle Varianten von Hartweizennudeln – von muschelförmigen Orecchiette (Öhrchen) über schneckenartige Lumache bis hin zu Maccheroni alla chitarra, Bandnudeln, die auf einem mit Drähten bespannten, gitarrenähnlichen Holzrahmen geformt werden. Aber es gibt auch die Pasta mit Ei, so wie man sie in unseren Breiten kennt. In Italien heißt sie »Pasta fresca« (frische Nudeln). Dafür wird der sorgfältig geknetete dottergelbe Teig mit dem Nudelholz oder der Nudelmaschine zu dünnen Platten ausgerollt und anschließend zu Bandnudeln unterschiedlichster Breite geschnitten oder mit einer Füllung zwischen zwei Teigschichten zu Kreisen, Dreiecken und Quadraten geformt. Berühmte Vertreter der Pasta fresca sind Tagliatelle, Fettuccine und Pappardelle sowie gefüllte Ravioli und Tortelloni.

Welche Nudel zu welcher Sauce?

Zu welcher Sauce eine Nudel am besten passt, bestimmen ihre Form und Oberfläche. Eine Faustregel: Kurze Nudeln zu schweren, gehaltvollen Saucen, lange Nudeln zu leichten, feinen Saucen. Und wer zusammen mit der Nudel viel Sauce aufgabeln will, wählt eine Sorte mit geriffelter oder rauer Oberfläche und Hohlräumen. Letzten Endes entscheidet wie bei allen Dingen der persönliche Geschmack.

Nudeln selber machen

Mein Grundrezept:
150 g Mehl
250 g Hartweizengrieß
(Semola di grano duro)
4 Eier (Größe M)
1 gute Prise Salz

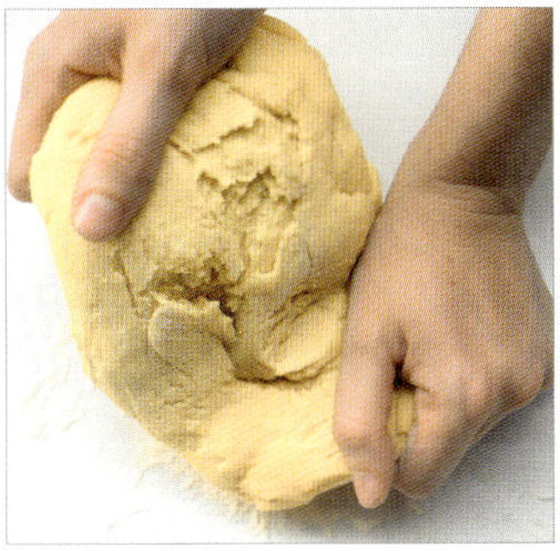

Alle Zutaten von Hand zu einem glatten Teig kneten. Zu einer Kugel formen, in Frischhaltefolie wickeln und mind. 1 Stunde kühl stellen.

Den Teig portionsweise mit Grieß bestäuben und mit der Nudelmaschine oder dem Nudelholz zu sehr dünnen Bahnen ausrollen.

Die Teigbahnen locker aufrollen, in beliebig breite Nudeln schneiden. Auf ein mit Grieß bestäubtes Backpapier geben, antrocknen lassen.

Nudeln kochen

Die beste Sauce schmeckt nicht, wenn die Nudeln zu weich gekocht werden oder geschmacklos sind. Meine Faustregel: 100 g Nudeln brauchen 1 l Wasser und 10 g (2 gestr. TL) Salz.

Wasser aufkochen und salzen. Die Nudeln dazugeben und offen nach Packungsanweisung garen.

Umrühren, damit die Nudeln nicht zusammenkleben. Lange Nudeln mit einer Kochpinzette (oder dem Kochlöffel) gleichmäßig verteilen.

Gegen Ende der Garzeit probieren. Lange Nudeln mit der Pastakralle herausheben, kurze in ein Sieb abgießen und abtropfen lassen.

Das bringt Farbe und Geschmack

Grün, gelb, rot, schwarz – mit einfachen Tricks lassen sich Nudeln in den verschiedensten Farben herstellen: Pürierter Spinat im Teig macht die Pasta schön grün, Safran verleiht ihr ein sonniges Gelb und etwas Tomatenmark oder Rote-Bete-Saft lässt sie erröten. Schwarze Farbe bekommt Pasta durch Sepiatinte, die man beim Fischhändler kaufen kann. Zusätzliches Aroma – von fein über intensiv bis scharf – können Sie dem Teig mit Knoblauch, Kräutern, Krabben, Chilischoten (jeweils fein gehackt) oder Steinpilzpulver verleihen. Hier sind Ihrer Kreativität keine Grenzen gesetzt.

Kann man Nudeln vorkochen?

Das kennt jeder: Die Nudeln sind schon fast gar, aber die Sauce ist noch nicht fertig. Oder: Sie müssen zu einem bestimmten Zeitpunkt für viele hungrige Esser Pasta servieren. Kein Problem, so können Sie sich behelfen: Kochen Sie die Nudeln sehr bissfest – lieber zu kurz als zu lang –, und gießen Sie sie in ein Sieb ab. Sofort mit kaltem Wasser abschrecken, damit sie nicht mehr nachgaren und zu weich werden. Kurz vor dem Servieren die Nudeln nochmals kurz (evtl. portionsweise) in kochendes Wasser tauchen oder direkt mit der heißen Sauce mischen und kurz aufkochen lassen.

Spaghetti
aglio, olio e peperoncino

Zutaten für 4 Personen
400 g Spaghetti
Meersalz
4 Knoblauchzehen
2 getrocknete rote Chilischoten
einige Blätter Petersilie
6–8 EL Olivenöl
Fleur de Sel

Zubereitungszeit:
ca. 20 Minuten

1 Die Spaghetti nach Packungsanweisung in reichlich kochendem Salzwasser bissfest garen.

2 Inzwischen den Knoblauch schälen und in feine Scheiben schneiden. Die Chilischoten zerbröseln und fein hacken. Die Petersilie waschen, trocken tupfen und fein schneiden.

3 Das Olivenöl in einer großen Pfanne erhitzen, Knoblauch und Chili darin anbraten, bis der Knoblauch goldbraun ist.

4 Die Spaghetti mit der Pastakralle oder -zange herausheben und etwas abtropfen lassen. Die Spaghetti mit der Petersilie in der Pfanne im Knoblauchöl schwenken und mit Fleur de Sel abschmecken.

Spaghetti
all'amatriciana

Zutaten für 4 Personen
400 g Spaghetti · Meersalz
1 Zwiebel
1 Knoblauchzehe
2 getrocknete rote Chilischoten
100 g Pancetta (ital. Bauchspeck; in etwas dickeren Scheiben)
1 EL Olivenöl
200 ml Tomatensauce (selbst gemacht oder fertig gekauft)
Pfeffer aus der Mühle
ca. 50 g geriebener Pecorino (oder Parmesan)

Zubereitungszeit:
ca. 20 Minuten

1 Die Spaghetti nach Packungsanweisung in reichlich kochendem Salzwasser bissfest garen.

2 Die Zwiebel und den Knoblauch schälen und in feine Würfel schneiden. Die Chilischoten zerbröseln. Den Pancetta in Würfel schneiden.

3 Das Olivenöl in einer großen Pfanne erhitzen. Den Speck darin unter gelegentlichem Rühren einige Minuten anbraten. Zwiebel, Knoblauch und Chili hinzufügen und kurz mitdünsten. Die Tomatensauce dazugeben und einige Minuten einkochen lassen.

4 Die Spaghetti mit der Pastakralle oder -zange herausheben, etwas abtropfen lassen und in der Pfanne mit der Sauce vermischen. Mit Salz und Pfeffer abschmecken und etwa die Hälfte des Pecorinos unterheben. Den restlichen Käse separat dazu reichen.

Mein Tipp > Dieses berühmte Pastagericht hat seinen Namen vom Ort Amatrice an der Grenze zwischen Latium und den Abruzzen. Im Originalrezept wird anstelle von Pancetta Guanciale verwendet, ein durchwachsener Speck aus der Schweinebacke oder dem Schweinenacken, der aus dem Latium stammt. Man kann ihn durch Pancetta, Tiroler Speck oder einen anderen durchwachsenen milden Speck ersetzen. Es gibt auch eine »weiße« Version ohne Tomaten, lediglich mit Speck, Weißwein und Pecorino.

Spaghetti al pesto genovese

Zutaten für 4 Personen
40 g Pinienkerne
100 g Basilikum
ca. 150 ml Olivenöl
Meersalz
50 g geriebener Pecorino
Pfeffer aus der Mühle
1 Knoblauchzehe
400 g Spaghetti

Zubereitungszeit:
ca. 20 Minuten

1 Die Pinienkerne in einer Pfanne ohne Fett goldbraun rösten. Herausnehmen und abkühlen lassen. Die Basilikumblätter abzupfen und fein schneiden. Das Basilikum und etwas Olivenöl im Blitzhacker oder mit dem Stabmixer kurz pürieren. Die Pinienkerne und etwas Salz hinzufügen und alles fein pürieren. Den Käse und so viel Olivenöl unterrühren, bis das Pesto die gewünschte Konsistenz hat. Mit Salz und Pfeffer abschmecken. Die Knoblauchzehe schälen, ins Pesto geben und darin ziehen lassen.

2 Die Spaghetti nach Packungsanweisung in reichlich kochendem Salzwasser bissfest garen. Die Spaghetti mit der Pastakralle oder -zange herausheben und etwas abtropfen lassen. Etwas Nudelkochwasser abnehmen, den Rest wegschütten. Die Nudeln wieder in den Topf geben. Das Pesto portionsweise mit etwas Kochwasser verrühren und mit den Spaghetti mischen.

Variationen: Pesto kann man vielseitig abwandeln. Anstelle von Basilikum können Sie auch Petersilie, Minze, Koriander, Rucola oder eine Mischung daraus verwenden. Die Pinienkerne lassen sich durch Walnüsse, Pekannüsse oder Haselnüsse ersetzen, der Pecorino durch Parmesan. In ein Schraubglas abgefüllt und mit Öl bedeckt, hält sich das Pesto im Kühlschrank mehrere Wochen.

Mein Tipp > Ich lasse die Knoblauchzehe im Ganzen im Pesto ziehen, damit das Aroma nur zart zu schmecken ist. Knoblauchfans können sie aber auch grob gehackt mit den Pinienkernen pürieren.

Spaghetti al pesto rosso

Zutaten für 4 Personen
70 g getrocknete Tomaten
(in Öl eingelegt)
2 Knoblauchzehen
1 getrocknete rote Chilischote
40 g Parmesan (am Stück)
20 g Pinienkerne
ca. 100 ml Olivenöl
Meersalz
Zucker
400 g Spaghetti

Zubereitungszeit:
ca. 20 Minuten

1 Die Tomaten abtropfen lassen und in grobe Würfel schneiden, das Öl beiseitestellen. Den Knoblauch schälen und grob hacken. Die Chilischote zerbröseln. Mit Tomaten, Knoblauch, Parmesan und Pinienkernen im Blitzhacker oder mit dem Stabmixer fein pürieren, dabei nach und nach etwa 5 EL Öl von den eingelegten Tomaten sowie das Olivenöl unterrühren. Das Pesto mit Salz und Zucker würzen.

2 Die Spaghetti nach Packungsanweisung in reichlich kochendem Salzwasser bissfest garen. Die Spaghetti in ein Sieb abgießen und abtropfen lassen, dabei etwas Kochwasser auffangen. Die Spaghetti zurück in den Topf geben und mit dem Pesto mischen. Falls nötig, noch etwas Kochwasser unterrühren. Die Spaghetti mit Salz abschmecken.

Mein Tipp > Selbst gemachtes Pesto ist ein willkommenes Gastgeschenk. Füllen Sie es in ein hübsches Glas, und verschenken Sie es zusammen mit hochwertigen Spaghetti und gutem Olivenöl.

Linguine
mit Gorgonzolasauce

Zutaten für 4 Personen
400 ml Geflügelfond
(aus dem Glas)
100 g kalte Butter
400 g Linguine
Meersalz
1–2 Stiele Basilikum
200 g Gorgonzola dolce
Fleur de Sel
Pfeffer aus der Mühle
frisch geriebene Muskatnuss

Zubereitungszeit:
ca. 30 Minuten

1 Für die Sauce den Fond in einen Topf geben und aufkochen lassen. Die Butter dazugeben und den Fond etwa 10 Minuten leicht sämig einkochen lassen.

2 Die Linguine nach Packungsanweisung in reichlich kochendem Salzwasser bissfest garen. Das Basilikum waschen und trocken schütteln, die Blätter abzupfen und fein schneiden.

3 Die Linguine mit der Pastakralle oder -zange herausnehmen, etwas abtropfen lassen und mit der Sauce mischen. Das Basilikum unterheben. Den Gorgonzola in Stückchen teilen, unterheben und schmelzen lassen. Die Linguine mit Fleur de Sel, grob gemahlenem Pfeffer und Muskatnuss würzen.

Variationen:

Für eine Salbei-Butter-Sauce den Fond mit 1 Stiel Salbei einkochen lassen. Das Basilikum und den Gorgonzola weglassen, dafür zum Schluss etwas fein geschnittenen Salbei in die Sauce geben.

Für eine Trüffel-Butter-Sauce das Basilikum und den Gorgonzola weglassen und zum Schluss 20 bis 40 g Trüffel über die fertige Pasta hobeln.

Mein Tipp > Gorgonzola ist ein würzig-cremiger Blauschimmelkäse aus Norditalien, den ich sehr gerne zum Kochen verwende. Er passt wunderbar zu Radicchio, würzt Saucen oder gibt Salaten und Carpaccio eine pikante Note. Gorgonzola gibt es in einer milden Variante als »Gorgonzola dolce« und würzig als »Gorgonzola piccante«.

Spaghetti
alla puttanesca

Zutaten für 4 Personen
400 g Spaghetti · Meersalz
1 Schalotte · 2 Knoblauchzehen
2 Sardellenfilets (in Öl eingelegt)
4 EL Olivenöl
1/2 TL getrockneter Oregano
200 ml Tomatensauce (selbst gemacht oder fertig gekauft)
80 g schwarze Oliven (entsteint; z. B. Taggiasca-Oliven)
2–3 EL Kapern
Pfeffer aus der Mühle
geriebener Pecorino

Zubereitungszeit: ca. 20 Minuten

1 Die Spaghetti nach Packungsanweisung in reichlich kochendem Salzwasser bissfest garen.

2 Die Schalotte und den Knoblauch schälen und in feine Würfel schneiden. Die Sardellenfilets abtropfen lassen und fein hacken.

3 Das Olivenöl in einer großen Pfanne erhitzen. Die Schalotten, den Knoblauch, die Sardellen und den Oregano dazugeben und 2 bis 3 Minuten andünsten. Die Tomatensauce hinzufügen und aufkochen lassen. Die Oliven und die Kapern untermischen und die Sauce mit Salz und Pfeffer würzen.

4 Die Spaghetti mit der Pastakralle oder -zange herausheben, etwas abtropfen lassen und in der Pfanne mit der Sauce vermischen. Mit Salz und Pfeffer abschmecken und nach Belieben etwas fein geschnittene Petersilie unterheben. In tiefen Tellern anrichten und mit Pecorino bestreuen.

Spaghetti
alle vongole

Zutaten für 4 Personen
3 getrocknete rote Chilischoten
1 kg Venusmuscheln
400 g Spaghetti
Meersalz
4 Knoblauchzehen
einige Blätter Petersilie
8 Kirschtomaten
2 EL schwarze Oliven (entsteint; z. B. Taggiasca-Oliven)
6–8 EL Olivenöl
100 ml Weißwein
Fleur de Sel

Zubereitungszeit:
ca. 25 Minuten

1 Eine Chilischote fein hacken und mit den Muscheln in einer Schüssel mischen. Die Muscheln in der Schüssel unter fließendem kaltem Wasser gründlich abbürsten, bereits geöffnete Exemplare entfernen.

2 Die Spaghetti nach Packungsanweisung in reichlich kochendem Salzwasser bissfest garen.

3 Den Knoblauch schälen und in feine Scheiben schneiden. Die restlichen Chilischoten zerbröseln und fein hacken. Die Petersilie waschen, trocken tupfen und fein schneiden. Die Tomaten waschen und halbieren, die Oliven halbieren.

4 Das Olivenöl in einer großen Pfanne erhitzen. Chili und Knoblauch darin anbraten, bis der Knoblauch goldbraun ist. Die Muscheln und die Tomaten dazugeben, den Wein angießen und alles zugedeckt bei starker Hitze einige Minuten garen, bis sich die Muscheln geöffnet haben. Geschlossene Muscheln entfernen.

5 Die Spaghetti mit der Pastakralle oder -zange herausheben und etwas abtropfen lassen. Spaghetti, Oliven und Petersilie zu den Muscheln geben und alles vorsichtig mischen. Mit Fleur de Sel abschmecken.

Mein Tipp > Bei diesem Rezept ist es wichtig, dass der Knoblauch beim Braten nicht zu dunkel wird, sonst schmeckt er bitter. Wer nicht gerne auf Knoblauchscheiben beißt, gießt das Öl nach dem Anbraten von Chili und Knoblauch durch ein feines Sieb und verwendet nur das aromatisierte Öl.

Garganelli
mit Seeteufel und Blumenkohl

Zutaten für 4 Personen
400 g Blumenkohlröschen
1 Zitrone
100 g Kirschtomaten
2–3 EL Kapernäpfel
200 g Seeteufelfilet (oder anderes festfleischiges Fischfilet)
400 g Garganelli (kurze gerillte Röhrennudeln)
Meersalz
4 EL Olivenöl
Pfeffer aus der Mühle
60 g Butter
3–4 Stiele Petersilie

Zubereitungszeit:
ca. 45 Minuten

1 Die Blumenkohlröschen waschen, abtropfen lassen und auf dem Gemüsehobel in dünne Scheiben schneiden. Die Zitrone mit einem scharfen Messer so großzügig schälen, dass auch die weiße Haut mit entfernt wird. Die Fruchtfilets zwischen den Trennhäuten herausschneiden, dabei den abtropfenden Saft auffangen. Die Filets in kleine Stücke schneiden. Die Tomaten waschen und vierteln. Die Kapernäpfel abgießen und abtropfen lassen, dabei etwas Einlegeflüssigkeit auffangen.

2 Das Seeteufelfilet waschen, trocken tupfen und in mundgerechte Würfel schneiden. Die Garganelli nach Packungsanweisung in reichlich kochendem Salzwasser bissfest garen.

3 Das Olivenöl in einer großen Pfanne erhitzen und den Blumenkohl darin unter Wenden goldbraun braten. Mit Salz und Pfeffer würzen und herausnehmen. Die Pfanne mit Küchenpapier austupfen. Die Butter hineingeben und hellbraun werden lassen. Das Seeteufelfilet dazugeben und etwa 1 Minute rundum anbraten. Mit Salz und Pfeffer würzen. Den Blumenkohl mit den Tomaten hinzufügen und untermischen.

4 Die Nudeln in ein Sieb abgießen, kurz abtropfen lassen und unter die Blumenkohlmischung heben. Die Petersilie waschen und trocken schütteln, die Blätter abzupfen und fein schneiden. Die Zitronenfilets mit der Petersilie und den Kapernfrüchten unter die Nudeln mischen. Die Pasta mit Salz, Pfeffer und etwas Kaperneinlegeflüssigkeit abschmecken.

Mein Tipp > Die Kombination von Blumenkohl und Pasta ist bei uns eher unbekannt. In Italien, vor allem im Süden, ist sie aber außerordentlich beliebt. Auch der verwandte Brokkoli ist hier ein häufig verwendetes Pastagemüse. Wegen ihres milden Aromas kombiniert man Blumenkohl und Brokkoli gerne mit würzigen Zutaten wie Zitrone, Kapern oder Chili.

Safran-Tagliatelle
mit Calamaretti

Zutaten für 4 Personen

Für die Tagliatelle:
- 150 g Mehl
- 250 g Hartweizengrieß
- 4 Eier (Größe M)
- Meersalz
- 1 Msp. gemahlener Safran
- Hartweizengrieß zum Ausrollen

Für die Calamaretti:
- 2 gelbe Paprikaschoten
- 500 g Calamaretti (kleine Tintenfische)
- 200 g gelbe Mini-Zucchini
- 1 getrocknete rote Chilischote
- 2 Knoblauchzehen
- ca. 6 EL Olivenöl
- 3–4 Stiele Basilikum
- Fleur de Sel
- Pfeffer aus der Mühle

Zubereitungszeit: ca. 1 1/2 Stunden
Ruhezeit: ca. 1 Stunde

1 Für die Tagliatelle das Mehl und den Grieß auf der Arbeitsfläche mischen und in die Mitte eine Mulde drücken. Die Eier in die Mulde geben, 1 große Prise Salz und den Safran hinzufügen. Die Zutaten mit den Händen zu einem glatten Teig kneten (am besten mit Einweghandschuhen arbeiten, damit sich die Hände nicht gelb färben). Den Teig zu einer Kugel formen, in Frischhaltefolie wickeln und mindestens 1 Stunde kühl stellen.

2 Für die Calamaretti den Backofengrill einschalten. Die Paprikaschoten vierteln, entkernen und waschen. Mit der Hautseite nach oben auf ein mit Backpapier belegtes Backblech geben und im Ofen auf der mittleren Schiene grillen, bis die Haut dunkel wird und Blasen wirft. Herausnehmen, mit einem feuchten Küchentuch abdecken und etwas abkühlen lassen. Die Haut der Paprikaschoten mit einem spitzen Messer abziehen und die Paprikaviertel in Streifen schneiden.

3 Die Tentakel der Calamaretti abschneiden. Innereien und Augen oberhalb der Tentakel abtrennen, die kugelförmigen Kauwerkzeuge herausdrücken. Die länglichen durchscheinenden Fischbeine aus den Körperbeuteln (Tuben) entfernen und die dunkle Haut abziehen. Die Tuben und Tentakel waschen und mit Küchenpapier trocken tupfen. Die Tuben mehrmals leicht einschneiden.

4 Die Zucchini putzen und waschen, längs in Scheiben und dann in Streifen schneiden. Die Chilischote zerbröseln und fein hacken. Den Knoblauch schälen und in feine Scheiben schneiden.

5 Den Nudelteig vierteln. Die Nudelportionen mit Grieß bestreuen und mithilfe der Nudelmaschine etwa 4 mm dünn ausrollen. Die Teigbahnen mit Grieß bestreuen, locker aufrollen und die Rollen jeweils in etwa 1 cm dicke Scheiben schneiden. Die Teigstreifen (Tagliatelle) als lockere kleine Nester auf ein mit Grieß bestreutes Backpapier oder auf ein Küchentuch legen und antrocknen lassen.

6 Das Olivenöl in einer großen Pfanne erhitzen. Chili und Knoblauch darin kurz anbraten. Die Calamaretti nochmals trocken tupfen, dazugeben und etwa 30 Sekunden bei starker Hitze rundum anbraten. Die Paprika und die Zucchini untermischen und etwa 1 Minute mitbraten.

7 Reichlich Wasser in einem großen weiten Topf zum Kochen bringen und salzen. Das Basilikum waschen und trocken schütteln, die Blätter abzupfen und grob schneiden. Die Tagliatelle im kochenden Salzwasser 3 bis 4 Minuten bissfest garen – sie sind gar, wenn sie an die Oberfläche steigen. Die Nudeln mit der Pastakralle oder -zange herausheben, etwas abtropfen lassen, zu den Calamaretti geben und untermischen. Das Basilikum unter die Pasta mischen und mit Fleur de Sel und Pfeffer abschmecken.

Bucatini
mit Fleischsugo und Radicchio

Zutaten für 4 Personen
1 TL Fenchelsamen
1 TL Korianderkörner
1/2 TL schwarze Pfefferkörner
2 rote Zwiebeln
500 g Salsiccia (ital. grobe rohe Bratwurst)
1 Zweig Rosmarin
2 EL Olivenöl
200 ml Rotwein
1/4 l Hühnerbrühe
Meersalz
5 EL kalte Butter
Pfeffer aus der Mühle
1 Spritzer alter Aceto balsamico
100 g Radicchio
400 g Bucatini (dicke lange Röhrennudeln)
geriebener Parmesan

Zubereitungszeit:
ca. 40 Minuten

1 Fenchel, Koriander und Pfeffer in den Mörser geben und fein zerstoßen. Die Zwiebeln schälen und in feine Würfel schneiden. Das Wurstbrät aus der Pelle drücken und in kleine Stücke zerteilen. Rosmarin waschen und trocken schütteln.

2 Das Olivenöl in einer großen, tiefen Pfanne erhitzen und das Brät unter Wenden anbraten. Die Gewürze und die Zwiebeln hinzufügen und 2 bis 3 Minuten mitbraten. Mit Wein und Brühe ablöschen, den Rosmarin dazugeben und alles offen bei schwacher Hitze 10 bis 15 Minuten köcheln lassen.

3 Den Sugo mit etwas Salz würzen. Den Rosmarin entfernen und die Butter stückchenweise unter den Sugo rühren. Mit Salz, Pfeffer und Essig abschmecken.

4 Den Radicchio putzen, waschen, trocken tupfen und in Streifen schneiden. Die Bucatini nach Packungsanweisung in reichlich kochendem Salzwasser bissfest garen. Mit der Pastakralle oder -zange herausheben, etwas abtropfen lassen und zum Fleischsugo geben. Den Radicchio hinzufügen, alles gut vermischen und mit Salz und Pfeffer abschmecken. Die Bucatini mit Parmesan bestreut servieren.

Mein Tipp > Korianderkörner sind die Samen der Korianderpflanze. Sie schmecken lieblich und sind nicht nur ein traditionelles Brot- und Weihnachtsgewürz, sondern passen auch hervorragend zu Schweinefleisch, Kohl und Hülsenfrüchten. In der indischen und arabischen Küche sind sie Bestandteil vieler Gewürzmischungen. Noch intensiver wird ihr Aroma, wenn man sie vor dem Zerkleinern anröstet.

Gemüse-Lasagne
mit Brokkoli und Mozzarella

Zutaten für 4 Personen
1 kg Brokkoli
Meersalz
2 Schalotten
1 Knoblauchzehe
4 Sardellenfilets (in Öl eingelegt)
40 g getrocknete Tomaten (in Öl eingelegt)
1 rote Chilischote
3 EL Olivenöl
2 EL Kapern
ca. 300 ml Geflügelfond oder Hühnerbrühe
Fleur de Sel
Pfeffer aus der Mühle
3 Fleischtomaten (à ca. 300 g)
400 g Büffelmozzarella
Öl für die Form
250 g Lasagneblätter (ohne Vorkochen)
ca. 80 g geriebener Parmesan
3 EL Butter

Zubereitungszeit: ca. 1 1/2 Stunden

1 Den Brokkoli putzen, in Röschen teilen, waschen und abtropfen lassen. Den Stiel schälen und in Würfel schneiden. Etwa die Hälfte der Röschen in kochendem Salzwasser 3 bis 5 Minuten bissfest garen. Abgießen und eiskalt abschrecken, abtropfen lassen und beiseitestellen.

2 Die Schalotten und den Knoblauch schälen und in feine Würfel schneiden. Die Sardellen und getrockneten Tomaten abtropfen lassen und grob hacken. Die Chilischote längs halbieren, entkernen, waschen und in feine Würfel schneiden.

3 In einer Pfanne das Olivenöl erhitzen. Die Schalotten, den Knoblauch und die Chiliwürfel darin andünsten. Die rohen Brokkoliröschen, die Brokkoliwürfel, die Sardellen, die getrockneten Tomaten und die Kapern dazugeben. 1/4 l Fond angießen und den Brokkoli zugedeckt etwa 15 Minuten garen. Die Mischung mit dem Stabmixer grob pürieren, dabei den restlichen Fond hinzufügen. Das Püree mit Fleur de Sel und Pfeffer abschmecken.

4 Die Tomaten waschen und die Stielansätze herausschneiden. Die Tomaten in Scheiben schneiden. Den Mozzarella in Würfel schneiden oder in Stücke zupfen.

5 Den Backofen auf 220 °C vorheizen. Eine rechteckige ofenfeste Form (etwa 20 x 30 cm) mit Öl einfetten und eine Lage Nudelblätter hineingeben. Die Hälfte des Brokkolipürees und der Brokkoliröschen darauf verteilen. Etwa ein Drittel des Mozzarellas darübergeben und mit der Hälfte der Tomatenscheiben belegen. Mit Salz und Pfeffer würzen und den Vorgang wiederholen. Mit einer Schicht Nudelblätter bedecken und den restlichen Mozzarella darauf verteilen. Den Parmesan darüberstreuen und die Butter in Flöckchen darauf verteilen. Die Lasagne im Ofen auf der unteren Schiene 25 bis 30 Minuten überbacken.

Mein Tipp > Brokkoli ist eines der gesündesten Gemüse. Er enthält unter anderem viel Vitamin C, das die Immunabwehr stärkt. Damit seine wertvollen Inhaltsstoffe weitgehend erhalten bleiben, sollten Sie Brokkoli nur so kurz wie nötig garen oder ihn bissfest braten.

FISCH

Fisch ist für mich eines der wichtigsten Lebensmittel, denn er ist leicht, gesund und schnell zubereitet. Bei aller Begeisterung für Seefisch und Meeresfrüchte sind die Bewohner unserer heimischen Flüsse und Seen in letzter Zeit etwas zu kurz gekommen. Deshalb möchte ich Ihnen in diesem Kapitel Forelle, Zander & Co. ans Herz legen. Die klassische Forelle blau serviere ich auf neue Art mit einem feinen Risotto, ich lasse den Saibling sanft in Olivenöl gar ziehen und bereite eine köstliche Tellersülze von gemischten Fischfilets. Und ich zeige Ihnen, dass sich der Zander auch in mediterranem Ambiente wohlfühlt – alles, damit Sie ein ebenso großer Fischfan werden.

Feines aus Flüssen und Seen

Forelle, Zander & Co. – vor der Erfindung von Auto und Kühlschrank waren heimische Fische die einzigen Wasserbewohner, die auf unseren Tellern landeten. Jetzt wird es Zeit, sie wiederzuentdecken, denn sie schmecken nicht nur hervorragend, sie schonen auch den Geldbeutel – und die Umwelt: Sie müssen nicht über weite Strecken transportiert werden und lassen sich sehr gut züchten, auch in Bioqualität. Natürlich schmeckt eine frisch im Bach geangelte Forelle einmalig, aber auch eine Forelle aus Bio-Aquakultur kann begeistern.

Die große Fische-Vielfalt

In Europa gibt es über 500 Arten Süßwasserfische. Eine große Gruppe davon sind die »Lachsartigen«, zu denen auch die äußerst beliebten Forellen gehören: Regenbogen- und Bachforellen sowie ihre Verwandten, die Saiblinge. Lachsforellen gehören ebenfalls zu dieser Gruppe, es handelt sich dabei um große Regenbogenforellen, deren Fleisch durch eine spezielle Ernährung während der Zucht den zarten Rosaton annimmt. Neben Forellen stehen auch häufig Zander, Karpfen, Hechte, Aale und Welse auf unserem Speiseplan. Aus vielen Seen werden regionale Spezialiäten gefischt, zum Beispiel die Chiemsee-Renken, die Bodensee-Felchen oder die Maränen aus norddeutschen Gewässern. Man bekommt sie meist nur in der unmittelbaren Umgebung.

Fische mögen's nicht zu heiß

Süßwasserfische lassen sich auf vielfältige Weise zubereiten. Man kann sie pochieren, dünsten, braten und grillen. Grätenreiche Fische wie den Hecht verarbeitet man gerne zu einer Farce für Klößchen oder Füllungen. Egal für welche Zubereitungsart Sie sich entscheiden, das Wichtigste ist: Garen Sie Fisch nicht zu lange und zu heiß, sonst wird er trocken und schmeckt fade. Perfekt gegarten Fisch erkennt man am leicht glasigen, saftigen Aussehen des Fleischs an den Gräten. Da Süßwasserfische meist kleiner sind als Meeresfische, werden sie oft im Ganzen zubereitet, man kann sie aber auch vom Fischhändler filetieren lassen. Die Haut sollte beim Garen dranbleiben, sie schützt die Filets vor dem Austrocknen.

Forelle Müllerin braten

Der Klassiker schlechthin ist die in Butter knusprig gebratene Forelle Müllerin Art. Auch andere Portionsfische können natürlich auf diese Weise zubereitet werden. So wird's gemacht:

Die ausgenommene Forelle innen und außen waschen, trocken tupfen und in Mehl wenden. Überschüssiges Mehl abklopfen.

In einer großen Pfanne reichlich Butter aufschäumen und die Forelle hineingeben. Unter Rütteln auf der Unterseite goldbraun braten.

Die Forelle vorsichtig wenden und fertig braten. Die Oberfläche ab und zu mit Bratfett beträufeln. Auf Küchenpapier geben und würzen.

Fisch im Pergament garen

Eine der schonendsten Zubereitungsarten für Fischfilet und Portionsfische ist das Garen in Papier. Die Inhaltsstoffe bleiben weitgehend erhalten, der Herd ist sauber, und jeder bekommt ein appetitliches Überraschungspaket.

Fischfilet (oder kleine Portionsfische) mit Kräutern und Zitronenscheiben auf einen Bogen Back- oder Pergamentpapier legen und salzen.

Das Papier über dem Fisch einschlagen, die Seiten umknicken und zum Beispiel mit Holzwäscheklammern oder Büroklammern verschließen.

Den Fisch im Backofen bei 160 °C auf dem Backblech je nach Größe 10 bis 20 Minuten garen. Herausnehmen und die Pakete öffnen.

Fisch & Friends

Wie jedes Lebensmittel hat auch der Fisch Partner, die ihm besonders liegen und seine guten Eigenschaften hervorheben. Bei den heimischen Süßwasserfischen kommen auch viele Lieblingspartner aus heimatlichen Gefilden. Sie heißen Kartoffeln, Rote Bete, Meerrettich, Möhren, Sellerie, Lauch, Petersilie, Dill und Schnittlauch. Mit diesen Zutaten können Sie nach Lust und Laune spielen: ein Kartoffelpüree mit Meerrettich, ein Rote-Bete-Salat mit Schnittlauch, ein Suppengemüse-Risotto – all dies passt hervorragend zum Fisch und bietet immer neue, spannende Kombinationsmöglichkeiten.

Frische Fische erkennen

Ein frischer Fisch fühlt sich fest an, das Fleisch lässt sich nicht weit eindrücken. Die Augen glänzen, der Geruch ist angenehm und muss typisch sein. Nehmen Sie den ausgenommenen Fisch gleich nach dem Kauf aus der Verpackung, legen ihn in ein Gefäß aus Glas oder Porzellan und decken ihn mit Frischhaltefolie ab, bevor er in den Kühlschrank kommt. Und bereiten Sie ihn dann möglichst bald zu. Ein Tipp für Hobbyangler, die ihren Forellenfang in der Pfanne braten wollen: Superfrische Forellen biegen sich stark durch und liegen dadurch nicht mehr gleichmäßig auf. Warten Sie lieber noch einen Tag mit der Zubereitung.

Knuspertatar vom Saibling
mit Fenchel-Vinaigrette

1

2

Zubereitungszeit:
ca. 30 Minuten

Zutaten für 4 Personen
Für die Vinaigrette:
1 kleine Fenchelknolle (mit Grün) · 5 EL Olivenöl · Meersalz
Pfeffer aus der Mühle · 1 Msp. Safranfäden
5 EL Gemüsebrühe · 2–3 EL Zitronensaft · 8 Kirschtomaten
Für das Tatar:
2 Knoblauchzehen · 5–6 EL Olivenöl · einige Zweige Thymian
12 hauchdünne Scheiben Ciabatta (am besten mit der Aufschnittmaschine geschnitten) · 250 g Saiblingsfilets (ohne Haut)
1 EL Schnittlauchröllchen · 1 Spritzer Zitronensaft
Meersalz · Pfeffer aus der Mühle
Außerdem:
1–2 Stiele Dill

1 Für die Vinaigrette den Fenchel putzen, waschen, halbieren und den Strunk entfernen. Das Grün beiseitelegen und die Hälften in feine Würfel schneiden. In einer Pfanne 2 EL Olivenöl erhitzen, den Fenchel darin andünsten und mit Salz und Pfeffer würzen. Den Safran und die Brühe dazugeben und 3 bis 4 Minuten garen. Nochmals mit Salz und Pfeffer würzen. 2 EL Zitronensaft dazugeben und das restliche Olivenöl unterrühren. Die Tomaten waschen, vierteln, entkernen und untermischen. Die Vinaigrette mit Salz, Pfeffer und Zitronensaft abschmecken.

2 Für das Tatar den Knoblauch schälen und leicht andrücken. In einer großen Pfanne 4 EL Olivenöl mit dem Knoblauch und dem Thymian erhitzen und die Ciabattascheiben darin auf beiden Seiten goldbraun und knusprig braten (siehe Step 1). Herausnehmen und auf Küchenpapier abtropfen lassen.

3 Das Saiblingsfilet waschen und mit Küchenpapier trocken tupfen, in feine Würfel schneiden (siehe Step 2) und mit dem Schnittlauch in eine Schüssel geben. Den Zitronensaft und das restliche Olivenöl dazugeben und untermischen. Mit Salz und Pfeffer würzen.

4 Die Ciabattascheiben abwechselnd mit dem Tatar auf Teller schichten und die lauwarme Fenchel-Vinaigrette drumherum verteilen. Den Dill waschen und trocken schütteln, Dillspitzen abzupfen und mit dem Fenchelgrün darüberstreuen.

Mein Tipp > Nur absolut frischer Fisch eignet sich zum Rohessen. Verlangen Sie bei Ihrem Fischhändler »Sushi-Qualität« oder »Sashimi-Qualität«. Anstelle von Saibling können Sie für dieses Rezept auch Lachs oder Thunfisch verwenden.

Tellersülze von Süßwasserfischen
mit Meerrettich-Schnittlauch-Rahm

Zutaten für 4 Personen

600 g gemischte Fischfilets von Süßwasserfischen (mit Haut; z. B. von Saibling, Forelle, Lachsforelle, Zander)
Meersalz
5 EL Olivenöl
2 Schalotten
4 Zweige Thymian
100 ml Weißwein
800 ml Fisch- oder Geflügelfond (aus dem Glas)
1 Lorbeerblatt
1/2 TL schwarze Pfefferkörner
6 Blatt Gelatine
100 g Möhren
100 g Petersilienwurzeln
100 g Staudensellerie
einige Spritzer milder Weißweinessig
200 g saure Sahne
2 EL Schnittlauchröllchen
1–2 TL geriebener Meerrettich

Zubereitungszeit: ca. 1 Stunde
Kühlzeit: ca. 1 Stunde

1 Die Fischfilets waschen und mit Küchenpapier trocken tupfen, in mundgerechte Stücke schneiden und leicht mit Salz würzen. In einer Pfanne 2 EL Olivenöl erhitzen und die Fischstücke darin auf jeder Seite etwa 2 Minuten braten (der Fisch sollte innen noch leicht glasig sein). Die Filets herausnehmen, die Haut abziehen und den Fisch auf vorgekühlte tiefe Teller verteilen. Mit Frischhaltefolie abgedeckt kühl stellen.

2 Die Schalotten schälen und in feine Würfel schneiden. Den Thymian waschen und trocken schütteln. Das restliche Olivenöl in einem Topf erhitzen und die Schalotten darin andünsten. Mit dem Wein ablöschen und etwas einkochen lassen. Den Thymian, den Fond, das Lorbeerblatt und die Pfefferkörner dazugeben und auf etwa zwei Drittel (600 ml) einkochen lassen. Den Sud durch ein feines Sieb gießen, wieder in den Topf geben und mit Salz würzen.

3 Die Gelatine in kaltem Wasser einweichen. Die Möhren und Petersilienwurzeln putzen, schälen und in kleine Würfel schneiden. Den Staudensellerie putzen, waschen und ebenfalls in kleine Würfel schneiden. Die Gemüsewürfel in den Sud geben und 1 bis 2 Minuten bissfest garen. Den Topf vom Herd nehmen.

4 Die Gelatine leicht ausdrücken und unter Rühren in dem warmen, aber nicht mehr kochend heißen Gemüsesud auflösen. Mit Salz und Essig kräftig abschmecken. Den Sud in ein eiskaltes Wasserbad stellen und rühren, bis er zu gelieren beginnt. Den Gemüsesud über die Fischfilets geben und abgedeckt etwa 1 Stunde kühl stellen.

5 Die saure Sahne mit dem Schnittlauch und dem Meerrettich verrühren und mit Salz würzen. Den Meerrettich-Schnittlauch-Rahm zur Tellersülze servieren.

Mein Tipp > Damit Fischfilets beim Braten saftig bleiben, lasse ich die Haut gerne dran. Das Abziehen der Haut geht bei gegartem Fisch zudem viel leichter als bei rohem.

Lachsforelle »in saôr«
mit Pinienkernen

Zutaten für 4 Personen
Für den Fisch:
ca. 600 g Lachsforellenfilet (mit Haut)
Meersalz
4 EL Olivenöl
Für den Gemüsesud:
300 ml Weißwein
100 ml Zitronensaft
200 ml Fischfond (aus dem Glas)
1 Lorbeerblatt
1 TL schwarze Pfefferkörner
3 EL Olivenöl
Fleur de Sel
Pfeffer aus der Mühle
1–2 EL flüssiger Honig
1–2 EL Trockenbeerenauslese-Essig (oder Aceto balsamico bianco)
4 Frühlingszwiebeln
3 Stangen Staudensellerie
300 g junge Bundmöhren
4 Schalotten · 60 g Sultaninen
3 EL Pinienkerne

Zubereitungszeit: ca. 1 Stunde
Kühlzeit: ca. 12 Stunden

1 Am Vortag das Forellenfilet waschen, mit Küchenpapier trocken tupfen und leicht salzen. Das Olivenöl in einer Pfanne erhitzen und das Fischfilet darin bei mittlerer Hitze auf jeder Seite 1 Minute anbraten. Herausnehmen und in eine Schale legen.

2 Für den Gemüsesud 200 ml Wein mit dem Zitronensaft, dem Fond, dem Lorbeerblatt, den Pfefferkörnern und dem Olivenöl in einen Topf geben und auf die Hälfte einkochen lassen. Die Flüssigkeit durch ein feines Sieb gießen und mit Fleur de Sel, Pfeffer, Honig und Essig würzen. Den Sud noch heiß über den Fisch geben. Abkühlen lassen, mit Frischhaltefolie abdecken und etwa 12 Stunden kühl stellen.

3 Am nächsten Tag die Frühlingszwiebeln und den Staudensellerie putzen und waschen. Die Möhren putzen und schälen. Das Gemüse in mundgerechte Stücke schneiden. Die Schalotten schälen und vierteln. Die Sultaninen im restlichen Wein einmal aufkochen und 10 Minuten darin ziehen lassen. In ein Sieb abgießen und die Einweichflüssigkeit dabei auffangen. Die Pinienkerne in einer Pfanne ohne Fett anrösten, herausnehmen und abkühlen lassen.

4 Die Forellen aus dem Sud nehmen. Den Sud und die Einweichflüssigkeit der Sultaninen in einen Topf geben und zum Kochen bringen. Die Möhren und die Schalotten hinzufügen und etwa 2 Minuten garen. Dann den Staudensellerie dazugeben und 2 Minuten mitgaren. Zum Schluss die Frühlingszwiebeln hinzufügen und ebenfalls 2 Minuten mitgaren. Den Sud nochmals mit Fleur de Sel, Pfeffer, Honig und Essig abschmecken. Das Forellenfilet auf Teller geben und das Gemüse mit dem Sud darauf verteilen. Die Sultaninen und die Pinienkerne darübergeben und die Forelle lauwarm servieren. Nach Belieben mit einigen Staudenselleriebblättern garnieren und Weißbrot dazu reichen.

Mein Tipp > »Saôr« ist venezianischer Dialekt, entspricht dem Italienischen »sapore« und heißt übersetzt »Geschmack«. In diesem Rezept bekommen Fische zusätzlich Geschmack, indem sie in süßsaurer Marinade eingelegt werden.
Pinienkerne sind teuer, weil ihre Ernte aufwendig ist. Die länglichen Kerne kommen aus Südeuropa. Ungewöhnlich preiswerte Pinienkerne sind meist kurz und stammen aus Asien. Sie schmecken weniger intensiv, sind fettreicher und dadurch leichter verderblich.

Auf der Haut gebratenes Forellenfilet
mit Kartoffel-Rote-Bete-Salat und Schnittlauchrahm

Zutaten für 4 Personen

Für den Salat:

500 g Rote Beten
grobes Meersalz
500 g festkochende Kartoffeln
1/2 TL ganzer Kümmel
2 Schalotten
3 EL Rapsöl
Fleur de Sel
Pfeffer aus der Mühle
3–4 EL milder Weißweinessig
100 ml Gemüsebrühe
6 EL Olivenöl
2 geräucherte Forellenfilets (ohne Haut; ca. 100 g)

Für den Schnittlauchrahm:

200 g Crème fraîche
4–5 EL Milch
1–2 TL geriebener Meerrettich
2 EL Schnittlauchröllchen
Meersalz
Pfeffer aus der Mühle

Für den Fisch:

8 frische Forellenfilets (mit Haut)
Meersalz
4 EL Olivenöl

Zubereitungszeit: ca. 1 1/2 Stunden
Ruhezeit: ca. 30 Minuten

1 Für den Salat die Roten Beten putzen und in kochendem Salzwasser etwa 45 Minuten weich garen. Die Roten Beten abgießen, kalt abschrecken und abkühlen lassen. Die Knollen schälen (siehe Tipp) und in Würfel schneiden.

2 Die Kartoffeln waschen und mit der Schale in Salzwasser mit dem Kümmel je nach Größe etwa 20 Minuten garen. Die Kartoffeln abgießen, ausdampfen und abkühlen lassen. Die Kartoffeln pellen und in Würfel schneiden.

3 Die Schalotten schälen und in feine Würfel schneiden. Das Rapsöl in einer Pfanne erhitzen und die Schalotten darin andünsten. Die Kartoffeln und die Roten Beten dazugeben und heiß werden lassen. Mit Fleur de Sel und Pfeffer würzen. Den Essig mit der Brühe angießen und das Olivenöl unterrühren. Den Kartoffel-Rote-Bete-Salat mit Fleur de Sel und Pfeffer abschmecken. Die geräucherten Forellenfilets zerpflücken und unterheben. Den Salat in eine Schüssel geben und etwa 30 Minuten durchziehen lassen.

4 Für den Schnittlauchrahm die Crème fraîche mit der Milch und dem Meerrettich verrühren. Den Schnittlauch untermischen und den Rahm mit Salz und Pfeffer abschmecken.

5 Für den Fisch die Forellenfilets waschen, mit Küchenpapier trocken tupfen und die Haut mit einem scharfen Messer mehrmals einritzen. Die Forellenfilets mit Salz würzen. Das Olivenöl in einer Pfanne erhitzen und die Filets auf der Hautseite 2 bis 3 Minuten braten. Die Filets wenden, die Pfanne vom Herd nehmen und den Fisch in der Resthitze der Pfanne 2 bis 3 Minuten gar ziehen lassen.

6 Den lauwarmen Kartoffel-Rote-Bete-Salat auf Teller verteilen, die Forellenfilets darauf anrichten und mit dem Schnittlauchrahm beträufeln. Nach Belieben mit Meerrettichspänen garnieren.

Mein Tipp > Falls Sie beim Schälen der Rote-Bete-Knollen Verfärbungen an Ihren Händen bekommen haben, können Sie diese mit Wasser, dem Sie 1 Prise Ascorbinsäure (Vitamin-C-Pulver) beigemischt haben, wieder gut entfernen. Auf Nummer sicher gehen Sie, wenn Sie beim Schälen Einweghandschuhe tragen.

Saibling in Olivenöl gegart
mit Kräuteremulsion

Zutaten für 4 Personen

Für die Beilage:
600 g festkochende Kartoffeln
Meersalz
100 g große grüne Oliven (aus dem Glas; z. B. Bella di Cerignola)
2 Schalotten
4 EL Olivenöl
1 Zitrone
Pfeffer aus der Mühle

Für die Kräuteremulsion:
50 g gemischte Kräuter (z. B. Basilikum, Kerbel, Zitronenverbene, siehe Tipp S. 20)
100 ml bestes Olivenöl
Fleur de Sel
Pfeffer aus der Mühle

Für den Fisch:
600 g Saiblingsfilets
ca. 300 ml Olivenöl
4 Zweige Thymian
Fleur de Sel

Zubereitungszeit: ca. 45 Minuten

1 Für die Beilage die Kartoffeln waschen und mit der Schale in Salzwasser je nach Größe etwa 20 Minuten weich kochen. Die Kartoffeln abgießen, ausdampfen und vollständig erkalten lassen.

2 Inzwischen für die Kräuteremulsion die Kräuter waschen und trocken schütteln. Die Blätter abzupfen und in einen hohen Rührbecher geben. Das Olivenöl dazugeben und die Kräuter mit dem Stabmixer fein pürieren. Die Oliven abgießen und dabei 50 ml Einlegesud auffangen. Den Olivensud mit dem Kräuteröl verrühren und die Emulsion mit Fleur de Sel und Pfeffer würzen.

3 Die Kartoffeln pellen und in Scheiben schneiden. Oliven halbieren, entsteinen und in Streifen schneiden. Die Schalotten schälen und in feine Würfel schneiden.

4 Für den Fisch den Backofen auf 75 °C vorheizen. Die Saiblingsfilets waschen, mit Küchenpapier trocken tupfen und in Portionsstücke schneiden. Das Olivenöl in einem ofenfesten Topf auf etwa 75 °C erhitzen. Die Saiblingsfilets und die Thymianzweige hineinlegen (der Fisch sollte ganz mit Öl bedeckt sein) und im Ofen auf der mittleren Schiene etwa 10 Minuten gar ziehen lassen.

5 Für die Beilage das Olivenöl in einer Pfanne erhitzen und die Schalotten darin andünsten. Die Kartoffeln hinzufügen und anbraten. Die Pfanne vom Herd nehmen und die Oliven untermischen. Die Zitrone halbieren und auspressen. Die Kartoffeln mit Salz, Pfeffer und dem Zitronensaft würzen.

6 Die Saiblingsfilets aus dem Öl nehmen, auf Küchenpapier abtropfen lassen und auf beiden Seiten mit Fleur de Sel würzen. Die lauwarmen Oliven-Kartoffeln auf Teller verteilen, den Saibling darauflegen und mit der Kräuteremulsion beträufeln. Nach Belieben mit Kräuterblättern garnieren.

Mein Tipp > Durch das sanfte Garen bei niedriger Temperatur in Olivenöl wird der Fisch wunderbar zart und saftig. Das Olivenöl können Sie nochmals verwenden – natürlich am besten für Gerichte mit Fisch oder Meeresfrüchten. Gießen Sie es dafür einfach durch ein mit Küchenpapier ausgelegtes Sieb.

Zander auf gebratener Polenta
mit Oliven-Zwiebeln

Zutaten für 4 Personen

Für die Polenta:
600 ml Hühnerbrühe
150 g mittelfeiner Polentagrieß (z.B. Bramata)
40 g geriebener Parmesan
Meersalz
Pfeffer aus der Mühle
Olivenöl für das Blech
4 EL Butter

Für die Oliven-Zwiebeln:
6 rote Zwiebeln (ca. 300 g)
einige Zweige Thymian
3 EL Olivenöl
2 EL Zucker
Meersalz
Pfeffer aus der Mühle
200 ml Rotwein
250 g Tomaten
80 g schwarze Oliven (ohne Stein; z.B. Taggiasca-Oliven)
etwas Aceto balsamico
3–4 Stiele Petersilie

Für den Fisch:
600 g Zanderfilet (mit Haut)
Meersalz
4 EL Olivenöl

Zubereitungszeit:
ca. 1 1/2 Stunden
Kühlzeit: ca. 1 Stunde

1 Für die Polenta die Brühe in einem Topf zum Kochen bringen. Den Polentagrieß unter Rühren einrieseln lassen und unter Rühren bei schwacher Hitze etwa 20 Minuten ausquellen lassen. Den Parmesan unterrühren und die Polenta mit Salz und Pfeffer würzen. Ein Backblech mit Olivenöl einfetten. Die Polenta 1 bis 2 cm hoch daraufstreichen und abkühlen lassen.

2 Für die Oliven-Zwiebeln die Zwiebeln schälen, längs halbieren und in Spalten schneiden. Den Thymian waschen und trocken schütteln. Das Olivenöl in einer Pfanne erhitzen und die Zwiebeln darin glasig dünsten. Den Zucker darüberstreuen, karamellisieren und mit Salz und Pfeffer würzen. Den Wein angießen, den Thymian dazugeben und alles etwa 10 Minuten köcheln lassen.

3 Die Stielansätze der Tomaten keilförmig herausschneiden. Die Tomaten kurz in kochendes Wasser geben, herausheben, kalt abschrecken und häuten. Die Tomaten vierteln, entkernen und in Würfel schneiden. Die Oliven halbieren. Die Tomaten und die Oliven zu den Zwiebeln geben, mit Salz, Pfeffer und Essig abschmecken und beiseitestellen.

4 Für den Fisch das Zanderfilet waschen, mit Küchenpapier trocken tupfen und in Portionsstücke schneiden. Die Haut mit einem scharfen Messer mehrmals einritzen und auf beiden Seiten leicht mit Salz würzen. Das Olivenöl in einer beschichteten Pfanne erhitzen und die Fischstücke darin auf der Hautseite etwa 3 Minuten knusprig braten. Den Fisch wenden, die Pfanne vom Herd nehmen und die Filets in der Resthitze der Pfanne noch einige Minuten gar ziehen lassen.

5 Die Polenta in rechteckige Stücke schneiden. In einer zweiten Pfanne die Butter erhitzen und die Polenta darin auf beiden Seiten goldbraun braten. Die Petersilie waschen und trocken schütteln, die Blätter abzupfen und fein schneiden. Die Oliven-Zwiebeln nochmals erhitzen und die Petersilie untermischen. Die Polenta auf Teller verteilen, das Zanderfilet darauf anrichten und die Oliven-Zwiebeln drumherum verteilen. Nach Belieben etwas Pfeffer darübermahlen.

Mein Tipp > Für ein vegetarisches Gericht schichte ich die Polentaschnitten abwechselnd mit etwas flüssiger Butter, geriebenem Parmesan und den Oliven-Zwiebeln in eine Form, streue dick Parmesan darauf und überbacke das Ganze im Ofen. Dazu passt ein knackiger Blattsalat.

Forelle blau
auf Kräuterrisotto

Zutaten für 4 Personen
Für die Forellen:
50 ml Wermut (z. B. Noilly Prat)
100 ml Weißwein
2 EL Meersalz
1 unbehandelte Zitrone
einige Zweige Thymian
1 Stiel Zitronenmelisse
2 Lorbeerblätter
1 TL schwarze Pfefferkörner
4 Forellen (à ca. 300 g; küchenfertig)
Für den Risotto:
800 ml Hühner- oder Gemüsebrühe
200 g Risottoreis (z. B. Carnaroli)
1 Schalotte
1 Knoblauchzehe
80 g weiche Butter
50 ml Weißwein
1 Bund Basilikum (ca. 40 g)
1 Bund Kerbel (ca. 20 g)
3–4 Stiele Estragon
60 g geriebener Parmesan
Fleur de Sel
Pfeffer aus der Mühle

Zubereitungszeit:
ca. 45 Minuten

1 Für die Forellen in einem ovalen, verschließbaren Bräter oder einem Fischkochtopf 3 l Wasser mit dem Wermut, dem Wein und dem Salz zum Kochen bringen. Die Zitrone heiß waschen und halbieren, eine Hälfte auspressen und den Saft zum Weinsud geben. Die restliche Zitrone in Scheiben schneiden und dazugeben. Die Kräuter waschen, trocken schütteln und mit den Lorbeerblättern und den Pfefferkörnern hinzufügen. Den Sud etwa 10 Minuten köcheln lassen.

2 Für den Risotto die Brühe in einem Topf zum Kochen bringen. Den Reis in ein Sieb geben, unter fließendem Wasser waschen und abtropfen lassen. Die Schalotte und den Knoblauch schälen und in feine Würfel schneiden. In einem Topf 2 EL Butter erhitzen und die Schalotte und den Knoblauch darin glasig dünsten. Den Reis hinzufügen und unter Rühren einige Minuten andünsten. Den Wein dazugießen und unter Rühren einkochen lassen. Nach und nach etwas heiße Brühe angießen und unter Rühren einkochen lassen. Diesen Vorgang so oft wiederholen, bis der Reis bissfest ist und der Risotto eine cremige Konsistenz hat (das dauert 20 bis 30 Minuten).

3 Die Forellen unter kaltem Wasser vorsichtig innen waschen, dabei die Haut so wenig wie möglich berühren (siehe Tipp). In den köchelnden Sud legen und zugedeckt bei schwacher Hitze knapp unterhalb des Siedepunkts (max. 80 °C) etwa 10 Minuten gar ziehen lassen.

4 Die Kräuter waschen, trocken schütteln und etwa ein Drittel davon beiseitelegen. Die Blätter der restlichen Kräuter abzupfen und fein schneiden. Mit der übrigen Butter in einen Rührbecher geben und mit dem Stabmixer pürieren. Den Risotto vom Herd nehmen, die Kräuterbutter und den Parmesan unterrühren und den Risotto mit Fleur de Sel und Pfeffer würzen.

5 Die Forellen aus dem Sud heben, nach Belieben filetieren und auf dem Risotto anrichten. Mit den beiseitegelegten Kräutern garnieren.

Mein Tipp > Frische Forellen sind von einer dünnen Schleimschicht überzogen, die sich bei Kontakt mit dem heißen Säuresud bläulich verfärbt. Damit diese Schicht nicht verletzt wird, muss der Fisch sehr vorsichtig behandelt werden. Also nur innen auswaschen und die Außenseite nicht unnötig reiben. Am besten teilen Sie auch Ihrem Fischhändler mit, dass Sie den Fisch »blau« kochen wollen, dann geht er beim Ausnehmen behutsamer vor.

GEFLÜGEL

Huhn, Pute & Co., die Überflieger der letzten Jahre, sind beliebter denn je. Besonders gerne werden die Bruststücke gekauft – kein Wunder: Hähnchen-, Puten- und Entenbrust lassen sich ganz leicht und schnell zubereiten, kunterbunt kombinieren und sind in der heimischen, mediterranen, asiatischen und orientalischen Küche zu Hause. Dass die Ente mit Gewürzen wie Anis und Zimt harmoniert oder der Pute Trauben und Weißwein besonders gut stehen, zeige ich Ihnen in meinen Rezepten. Und zum Abschluss brate ich für Sie noch eine Festtagsgans, ganz klassisch mit Apfelfüllung und Rotkohl. Ein wahrer Höhenflug der Genüsse.

Erfolgsgeschichten ohne Ende

Fragen Sie mal in Ihrem Bekanntenkreis, wer kein Geflügel mag. Sie werden niemanden finden, denn Geflügel lieben alle. Hier eine kleine Vogelkunde:

Der Riese aus der neuen Welt

Die Pute, auch Truthahn genannt, stammt von der Wildpute Nordamerikas ab. Dort schätzten schon die Azteken nicht nur die schmückenden Federn, sondern auch das Fleisch des großen, bizarr aussehenden Vogels. Im 16. Jahrhundert importierten die Spanier den Truthahn nach Europa – der Anfang einer Erfolgsgeschichte. Ganze Puten werden vor allem zur Weihnachtszeit angeboten. Dabei reicht das Gewicht von 3 1/2 bis 5 kg für Babyputen bis zu stattlichen 12 kg bei ausgewachsenen Tieren. Wer so ein Prachtstück braten will, sollte vor dem Kauf die Ausmaße des eigenen Backofens prüfen. Beliebter als die ganzen Puten sind bei uns ihre Teilstücke, ganz besonders die magere Putenbrust. Man kann sie im Ganzen braten, schneidet daraus Schnitzel und Medaillons oder würfelt sie für Ragouts.

Lust auf Hühnerbrust

Ob Brathähnchen, stattliche Poularde oder goldgelbes Maishähnchen – das Brustfleisch der Tiere ist heiß begehrt. Man kann es im Ganzen braten oder pochieren, die Filets würfeln, schnetzeln und für Frikadellen auch fein hacken.

Auch andere Vögel haben schönes Fleisch

Ein feines Bruststück hat auch die Ente zu bieten. Entenbrust überzeugt durch ihr kräftiges Aroma und die wunderbar knusprige Haut. Geräuchert ist sie ebenfalls ein Hochgenuss. Zur Weihnachtszeit gibt es auch Brust von unserem begehrtesten Festtagsvogel, der Gans, zu kaufen. Diesen Vogel braten die meisten aber am liebsten im Ganzen (siehe rechts).

Darauf sollte man achten

Geflügelfleisch sollte immer durchgebraten werden, denn es ist anfällig für Bakterien. Bewahren Sie es nur kurz und unbedingt kühl auf. Und reinigen Sie Kochutensilien und Hände nach dem Kontakt mit Geflügelfleisch stets gründlich.

Gefülltes Geflügel verschließen

Eine feine Füllung macht Geflügelbraten perfekt. So erreichen Sie, dass die Füllung während des Bratens an Ort und Stelle bleibt:

Ein Stück Back- oder Pergamentpapier zerknüllen und die Öffnung des Geflügels einfach damit »verstopfen«. Geht superschnell.

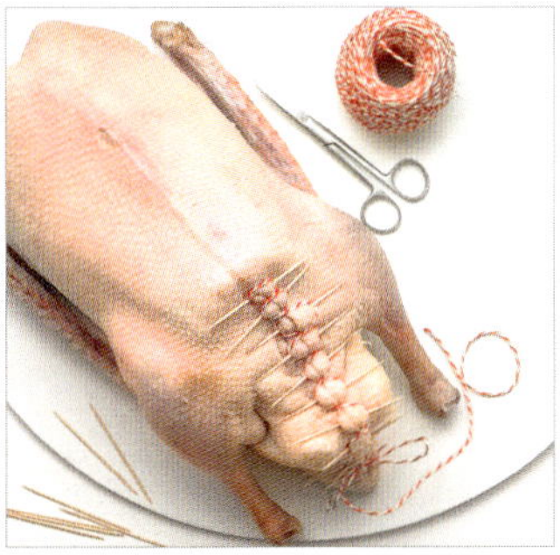

Die Öffnung mit kleinen Holzspießen zustecken. Küchengarn kreuzweise um die Spießchen führen und am Ende verknoten.

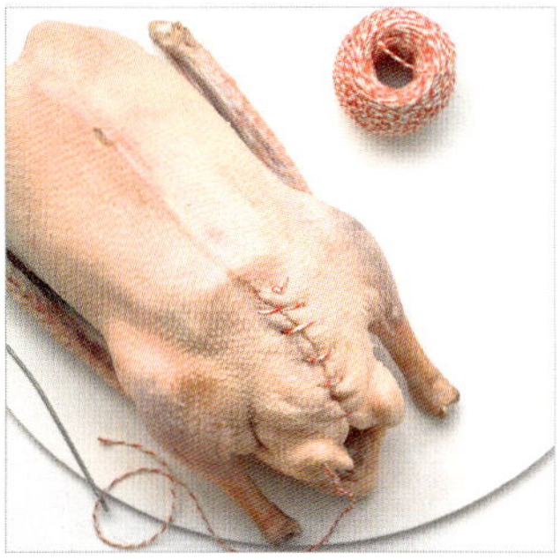

Öffnung mit einer Fleischnadel oder einer dicken Nähnadel und Küchengarn zunähen. Funktioniert nicht bei vorgekochtem Geflügel.

Hähnchenbrust filetieren

Hähnchenbrust wird auch im Ganzen, also mit Knochen, angeboten. Mit einem scharfen Messer lassen sich die beiden Brustfilets ganz leicht von der Karkasse abtrennen:

Die Hähnchenhaut in einem Stück von der Brust abziehen. Wer das Filet später knusprig braten möchte, kann sie auch am Fleisch lassen.

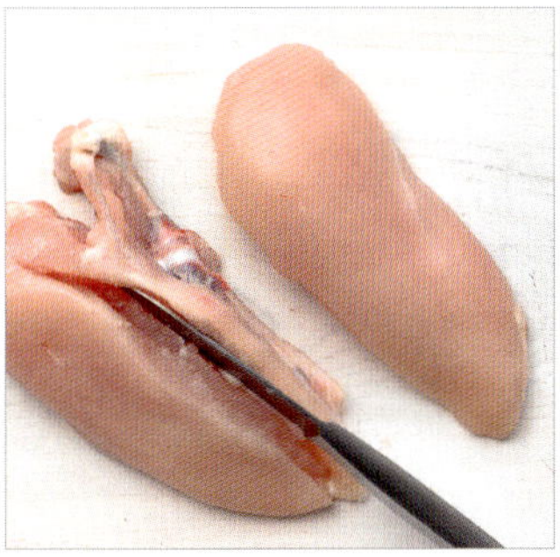

Das Fleisch links und rechts vom in der Mitte verlaufenden Brustbein tief einschneiden. Dabei möglichst nahe am Knochen bleiben.

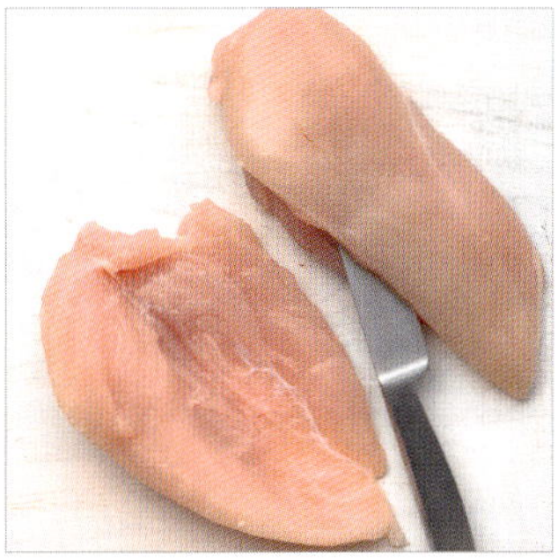

Den Einschnitt nach und nach vertiefen, dabei das Brustfilet langsam mit einer Hand abziehen.

Ein Vogel mit Saison

Im Gegensatz zu anderem Geflügel haben Gänse Saison. Sie werden von August bis Dezember geschlachtet. Auf den Tisch kommen sie hauptsächlich zu den Traditionsfesten – als Kirchweih-, Martins- oder Weihnachtsgans. Man kann sich auch im Rest des Jahres einen Gänsebraten gönnen, dann bekommt man allerdings nur tiefgefrorene Gänse aus Ungarn oder Polen. Weil ich gerne wissen möchte, wie meine Weihnachtsgans groß geworden ist, wähle ich eine Freilandgans aus meiner Region. Ein solcher Braten ist vielleicht etwas teurer, schmeckt mir aber einfach noch ein bisschen besser.

So gesund ist Geflügel

Geflügel ist ein hervorragender Eiweißlieferant. In 100 g Hähnchenfleisch stecken gut 22 g des wertvollen Nährstoffs, und die Zusammensetzung des Geflügeleiweißes ist besonders günstig. Ein weiterer Vorteil: Geflügel ist (meist) sehr fettarm. Hat man die Haut entfernt, schlägt beispielsweise Putenfleisch lediglich mit 1 g Fett pro 100 g zu Buche. Noch ein Pluspunkt: der hohe Gehalt an Vitaminen der B-Gruppe, wie Vitamin B_6, B_{12} und Niacin, die für den Stoffwechsel sehr wichtig sind. Hier leistet sogar die etwa fettere Gans einen guten Beitrag zur Deckung des empfohlenen Tagesbedarfs.

Ingwer-Hähnchenbrust
mit Kokos-Curry-Spinat

Zutaten für 4 Personen
400 g junger Blattspinat
1 Stück Ingwer (ca. 4 cm)
1 Bund Koriander
4 Hähnchenbrustfilets (mit Haut)
5 EL Erdnussöl
2 TL helles Sesamöl
3 Schalotten
1 Knoblauchzehe
1 rote Chilischote
1 TL Currypulver
200 ml Kokosmilch
Meersalz
1–2 TL Limettensaft

Zubereitungszeit:
ca. 1 Stunde

1 Den Spinat verlesen, waschen und trocken schleudern. Die Hälfte des Ingwers in feine Scheiben schneiden. Den Koriander waschen und trocken schütteln.

2 Den Backofen auf 140 °C vorheizen. Die Hähnchenbrustfilets waschen und mit Küchenpapier trocken tupfen. In einer ofenfesten Pfanne 2 EL Erdnussöl erhitzen und die Hähnchenbrustfilets darin auf der Hautseite etwa 5 Minuten knusprig anbraten. Die Filets wenden und etwa 3 Minuten weiterbraten. Die Ingwerscheiben und den Koriander zwischen die Filets legen und mit dem Sesamöl beträufeln. Die Pfanne auf die mittlere Schiene in den Ofen schieben und die Hähnchenbrustfilets etwa 15 Minuten garen.

3 Inzwischen die Schalotten, den Knoblauch und den restlichen Ingwer schälen und in feine Würfel schneiden. Die Chilischote längs halbieren, entkernen, waschen und in feine Würfel schneiden. In einer Pfanne 2 EL Erdnussöl erhitzen und die Hälfte der Schalotten und des Knoblauchs mit dem Ingwer und der Chilischote 2 bis 3 Minuten andünsten. Das Currypulver hinzufügen und unter Rühren kurz mitdünsten. Die Kokosmilch angießen und etwa 5 Minuten einkochen lassen. Die Sauce mit Salz und Limettensaft würzen.

4 Das restliche Erdnussöl in einem Topf oder einer tiefen Pfanne erhitzen und die übrigen Schalotten- und Knoblauchwürfel darin andünsten. Den Spinat dazugeben und unter Rühren zusammenfallen lassen. Die Pfanne vom Herd nehmen. Die Kokossauce zum Spinat geben und untermischen. Den Spinat mit Salz und Pfeffer würzen.

5 Den Spinat auf Teller verteilen, die Hähnchenbrustfilets darauf anrichten und leicht salzen. Nach Belieben mit Shiso-Kresse garnieren.

Mein Tipp > Sesamöl verleiht Gerichten einen intensiven nussigen Geschmack. Je stärker die Sesamsamen vor dem Pressen geröstet wurden, desto intensiver und dunkler ist das daraus gewonnene Öl. Dunkles Sesamöl ist nicht zum Braten geeignet, sondern ein reines Würzmittel. Da Sesamöl leicht verderblich ist, sollten Sie es rasch verbrauchen und angebrochene Flaschen im Kühlschrank aufbewahren.

Hähnchenbrust
im Safran-Fenchel-Sud mit Sauce Rouille

Zutaten für 4 Personen
Für die Sauce Rouille:
1 Knoblauchzehe
150 ml Geflügelfond (aus dem Glas)
1 Döschen Safranfäden (0,1 g)
1 Msp. Piment d'Espelette (oder Cayennepfeffer)
1 Ei · 70 ml Olivenöl
100 ml geschmacksneutrales Öl (z. B. Sonnenblumenöl)
Meersalz
1 Spritzer Zitronensaft
Außerdem:
1 Fenchelknolle (ca. 250 g)
4 Stangen Staudensellerie
250 g grüner Spargel
1 Knoblauchzehe · Meersalz
600 g Hähnchenbrustfilet
4 EL Olivenöl
Pfeffer aus der Mühle
1 Msp. Piment d'Espelette (oder Cayennepfeffer)
100 ml Wermut (z. B. Noilly Prat)
100 ml frisch gepresster Orangensaft
400 ml Hühnerbrühe (oder Geflügelfond)
2 EL Estragonblätter

Zubereitungszeit: ca. 1 1/4 Stunden

1 Für die Sauce Rouille den Knoblauch schälen und in feine Würfel schneiden. Den Knoblauch mit dem Fond, der Hälfte des Safrans und dem Piment d'Espelette in einen Topf geben und die Flüssigkeit auf etwa 2 EL einkochen lassen. Durch ein feines Sieb gießen und beiseitestellen.

2 Für den Safran-Fenchel-Sud den Fenchel putzen, waschen, halbieren und den Strunk entfernen. Das Grün beiseitelegen. Die Fenchelhälften in dünne Scheiben schneiden. Den Sellerie putzen, waschen und in dünne Scheiben schneiden. Den Spargel waschen und die Enden abbrechen. Den Knoblauch schälen und in feine Würfel schneiden.

3 Den Spargel in kochendem Salzwasser etwa 3 Minuten bissfest garen, abgießen, eiskalt abschrecken und abtropfen lassen. Das Hähnchenbrustfilet waschen, mit Küchenpapier trocken tupfen und in 4 cm große Würfel schneiden.

4 Das Olivenöl in einem Topf erhitzen und das Hähnchenfleisch darin rundum hellbraun anbraten. Mit Salz und Pfeffer würzen, herausnehmen und beiseitestellen. Den Fenchel, den Sellerie und den Knoblauch in den Topf geben und einige Minuten unter Rühren anbraten. Mit Salz und Piment d'Espelette würzen und mit Wermut und Orangensaft ablöschen. Die Flüssigkeit fast vollständig einkochen lassen. Den restlichen Safran hinzufügen und die Brühe angießen. Den Sud etwa 3 Minuten köcheln lassen. Das Fleisch in den Sud geben und knapp unterhalb des Siedepunkts etwa 10 Minuten gar ziehen lassen.

5 Inzwischen für die Sauce Rouille das Ei in einem hohen Rührbecher mit dem Stabmixer aufschlagen. Die beiden Ölsorten nach und nach untermixen, bis eine cremige Sauce entsteht. Mit dem reduzierten Safranfond, Salz und Zitronensaft abschmecken.

6 Den Spargel schräg in Stücke schneiden, zu dem Hähnchen in den Safran-Fenchel-Sud geben und erhitzen. Den Estragon waschen, trocken tupfen und mit dem Fenchelgrün grob schneiden. Beides in den Safran-Fenchel-Sud geben. Mit Salz und Piment d'Espelette abschmecken und mit der Sauce Rouille servieren.

Mein Tipp > Safran ist das wertvollste Gewürz der Welt. Er wird aus den Blütennarben einer Krokusart gewonnen – für 1 kg Safran benötigt man bis zu 150 000 Blüten, die von Hand gepflückt werden. Safran wird im Ganzen als zarte Fäden oder gemahlen angeboten. Kaufen Sie nur kleine Mengen, und verbrauchen Sie ihn schnell, denn durch lange Lagerung leidet sein Aroma.

Hähnchenbrust
mit Pflaumenfüllung und Vin-Santo-Zwiebeln

Zutaten für 4 Personen
200 ml Vin Santo
(oder Marsala; beides ital. Dessertweine)
4 Trockenpflaumen (entsteint)
750 g Perlzwiebeln (oder Schalotten)
4 EL Olivenöl
1 EL brauner Zucker
Meersalz
Pfeffer aus der Mühle
3–4 Zweige Thymian
1/4 l Weißwein
4 Cantuccini (ital. Mandelgebäck)
1 EL Pistazienkerne
4 Hähnchenbrustfilets
2 EL kalte Butter

Zubereitungszeit: ca. 1 1/4 Stunden
Marinierzeit: 3 Stunden

1 Den Vin Santo erhitzen. Die Trockenpflaumen in eine kleine Schüssel geben, mit dem Vin Santo übergießen und mindestens 3 Stunden ziehen lassen. Die Perlzwiebeln in eine Schüssel geben, so viel kaltes Wasser angießen, dass sie bedeckt sind, und etwa 30 Minuten einweichen.

2 Den Backofen auf 160 °C vorheizen. Die Perlzwiebeln schälen. Die Pflaumen aus dem Vin Santo nehmen und abtropfen lassen. In einer Pfanne 2 EL Olivenöl erhitzen und die Zwiebeln darin rundum anbraten. Den Zucker darüberstreuen und unter Rühren etwas karamellisieren. Mit Salz und Pfeffer würzen. Den Thymian waschen und trocken schütteln. Den Vin Santo mit dem Thymian hinzufügen und etwa 5 Minuten einkochen lassen. Den Wein dazugießen, aufkochen lassen und alles in eine ofenfeste Form geben. Die Zwiebeln im Backofen auf der mittleren Schiene etwa 30 Minuten garen.

3 Die Pflaumen grob hacken. Die Cantuccini zerbröseln. Die Hälfte der Brösel mit den Pflaumen und den Pistazien mischen. Die Hähnchenbrustfilets waschen, mit Küchenpapier trocken tupfen und seitlich jeweils eine Tasche einschneiden. Das Fleisch innen leicht mit Salz würzen. Die Pflaumenmischung in die Filets füllen und die Öffnungen mit kleinen Holzspießen zustecken.

4 Das restliche Olivenöl in einer Pfanne erhitzen und die Hähnchenbrustfilets darin auf jeder Seite 5 bis 7 Minuten braten. Mit Salz und Pfeffer würzen und kurz ruhen lassen.

5 Die Zwiebeln mit dem Schaumlöffel aus dem Vin-Santo-Sud nehmen. Den Sud in einen Topf geben und sämig einkochen lassen. Die Zwiebeln wieder dazugeben und den Topf vom Herd nehmen. Die Butter unter die Zwiebeln rühren und mit Salz und Pfeffer abschmecken. Die Zwiebeln mit der Sauce auf Teller verteilen. Die Hähnchenbrustfilets jeweils schräg halbieren, auf den Vin-Santo-Zwiebeln anrichten und mit den restlichen Cantuccini-Bröseln bestreuen.

Mein Tipp > Cantuccini, die doppelt gebackenen knusprigen Mandelkekse, stammen ursprünglich aus der Gegend um Florenz. Sie lassen sich vielfältig einsetzen: Man kann sie zerbröseln und in süße und pikante Füllungen geben, über Desserts streuen oder zu Kuchenstreuseln verarbeiten. Klassisch genießt man sie zu Vin Santo, dem lieblichen Dessertwein aus der Toskana.

Putensauerbraten
mit Weintrauben

1

2

Zubereitungszeit: ca. 2 Stunden
Marinierzeit: 2–3 Tage

Zutaten für 4–6 Personen
2 Zwiebeln · 2 Möhren · 2 Stangen Staudensellerie
100 ml Vin Santo (oder Marsala; beides ital. Dessertweine)
1/4 l Weißwein · 200 ml Aceto balsamico bianco
10 weiße Pfefferkörner · 5 Pimentkörner · 2 Lorbeerblätter
1,2 kg Putenbrust (am Stück) · 3 EL Olivenöl · Meersalz
Pfeffer aus der Mühle · ca. 2 TL Zucker · 2 EL Tomatenmark
300 g kernlose helle Weintrauben

1 Zwei bis drei Tage vorher die Zwiebeln schälen, die Möhren putzen und schälen und den Staudensellerie putzen und waschen. Das Gemüse in Würfel schneiden und mit Vin Santo, Wein, Essig, Pfeffer- und Pimentkörnern sowie Lorbeerblättern in einen Topf geben. 1/4 l Wasser hinzufügen, alles einmal aufkochen und abkühlen lassen.

2 Die Putenbrust waschen und mit Küchenpapier trocken tupfen. Die Sehnen entfernen und das Fleisch mit Küchengarn so in Form binden, dass es gleichmäßig dick ist (siehe Step 1) und somit später gleichmäßig gart. In einen großen Gefrierbeutel geben, die Marinade dazugießen (siehe Step 2) und den Beutel verschließen. Das Fleisch 2 bis 3 Tage kühl stellen, dabei den Gefrierbeutel ab und zu wenden.

3 Am Tag der Zubereitung das Fleisch aus der Marinade nehmen und mit Küchenpapier trocken tupfen. Die Marinade durch ein feines Sieb abgießen und beiseitestellen. Das Gemüse gut abtropfen lassen und die Gewürze entfernen.

4 Das Olivenöl in einem Schmortopf erhitzen. Das Fleisch mit Salz würzen und im Öl rundum anbraten. Dann mit Pfeffer bestreuen und herausnehmen. Das abgetropfte Gemüse in dem Topf anbraten, mit Zucker bestreuen und leicht karamellisieren. Das Tomatenmark unterrühren und kurz mitbraten. Mit etwa 400 ml Marinade ablöschen und aufkochen lassen. Das Fleisch wieder dazugeben und zugedeckt bei schwacher Hitze etwa 1 Stunde schmoren.

5 Das Fleisch aus der Sauce nehmen und etwa 10 Minuten ruhen lassen. Die Sauce durch ein Sieb abgießen, dabei das Gemüse etwas ausdrücken. Die Sauce wieder in den Topf geben und etwa 5 Minuten einkochen lassen. Nach Belieben etwas Speisestärke mit wenig kaltem Wasser glatt rühren und die Sauce durch kurzes Aufkochen damit binden. Die Sauce mit Salz, Pfeffer und Zucker abschmecken. Die Trauben waschen, abzupfen und halbieren. Zur Sauce geben und kurz erhitzen. Das Fleisch in Scheiben schneiden und mit der Sauce anrichten. Dazu passen Gnocchi oder Bandnudeln.

Putenragout
mit Pfefferkraut

Zutaten für 4 Personen
400 g Sauerkraut · 4 Schalotten
1 Gewürznelke · 5 Pimentkörner
1 TL weiße Pfefferkörner
2 Lorbeerblätter · 4 EL Olivenöl
1 Stück Speckschwarte
2 EL Honig · Meersalz
je 50 ml Weißwein, Apfel- und Orangensaft
400 ml Geflügelfond (aus dem Glas)
800 g Putenbrust (am Stück)
Pfeffer aus der Mühle
1–2 EL Crème fraîche

Zubereitungszeit: ca. 2 Stunden

1 Das Sauerkraut in ein Sieb geben, kalt abbrausen und abtropfen lassen. Die Schalotten schälen und in feine Würfel schneiden. Die Gewürze in einen Einwegteebeutel füllen und verschließen.

2 In einem Schmortopf 2 EL Olivenöl erhitzen. Die Schalotten mit der Speckschwarte darin glasig dünsten. Die Schwarte entfernen, den Honig hinzufügen und kurz karamellisieren. Das Sauerkraut dazugeben und unter Rühren anbraten. Mit Salz würzen, den Wein und die Säfte dazugießen und einkochen lassen. Die Hälfte des Fonds angießen, die Gewürze und die Schwarte dazugeben und etwa 1 1/2 Stunden köcheln lassen.

3 Das Fleisch waschen, trocken tupfen und in große Würfel schneiden. Restliches Olivenöl in einem Topf erhitzen und das Fleisch darin rundum anbraten. Mit Salz und Pfeffer würzen. Das Sauerkraut und den übrigen Fond dazugeben und das Ragout zugedeckt 10 bis 15 Minuten köcheln. Crème fraîche unterheben und abschmecken. Dazu passen Majorankartoffeln.

Geräucherte Entenbrust
mit Radicchio auf Polenta

Zutaten für 4 Personen

Für die Entenbrust:

1 geräucherte Entenbrust (ca. 300 g)
1 Radicchio (ca. 150 g) · 3 EL Olivenöl
2–3 Stiele Petersilie
1 Zweig Rosmarin
1 Spritzer Aceto balsamico
Fleur de Sel · Pfeffer aus der Mühle
40 g Parmesan (am Stück)

Für die Polenta:

800 ml Hühnerbrühe
150 g grober Polentagrieß (z. B. Bramata)
2 EL Butter · 2–3 EL geriebener Parmesan
Fleur de Sel · Pfeffer aus der Mühle

Zubereitungszeit: ca. 40 Minuten

1 Die Entenbrust mindestens 2 Stunden vor der Zubereitung aus dem Kühlschrank nehmen.

2 Für die Polenta die Brühe in einem Topf zum Kochen bringen. Den Polentagrieß unter Rühren einrieseln lassen und nach Packungsanweisung bei schwacher Hitze köcheln lassen, dabei ab und zu umrühren.

3 Inzwischen die Entenbrust zuerst in Scheiben, dann in Streifen schneiden. Den Radicchio putzen und waschen, trocken schütteln und in Streifen schneiden. Das Olivenöl in einer Pfanne erhitzen und den Radicchio kurz darin anbraten. Die Entenbrust dazugeben und kurz erwärmen. Petersilie und Rosmarin waschen und trocken schütteln, die Blätter bzw. Nadeln abzupfen und fein schneiden. Die Petersilie und die Hälfte des Rosmarins zum Fleisch geben und mit Essig, Fleur de Sel und Pfeffer würzen.

4 Die Butter, den geriebenen Parmesan und den restlichen Rosmarin unter die Polenta heben, mit Fleur de Sel und Pfeffer abschmecken. Die Polenta auf Teller verteilen und die Entenbrust-Radicchio-Mischung darauf anrichten. Den Parmesan darüberhobeln.

Mein Tipp > Probieren Sie mal Entenbrust mit Feigen auf Baguette: Dafür brate ich Weißbrotscheiben mit Thymian und Knoblauch in Olivenöl knusprig, bestreiche sie mit Feigensenf und belege sie danach mit in Scheiben geschnittenen frischen Feigen und dünn geschnittener geräucherter Entenbrust.

Gewürz-Entenbrust
auf Feigen-Risotto

Zutaten für 4 Personen
Für die Entenbrust und den Risotto:
800 ml Entenfond (aus dem Glas)
1 Sternanis
1 TL Fünf-Gewürze-Pulver (Gewürzmischung aus Sternanis, Zimt, Nelke, Fenchel und Sichuanpfeffer)
1 TL schwarze Pfefferkörner
2 Entenbrustfilets (à ca. 300 g)
1–2 EL Sojasauce
1 Spritzer Aceto balsamico
1–2 EL Limettensaft
2 rote Zwiebeln
60 g Butter
250 g Venere-Reis (schwarzer Naturreis, siehe Tipp; oder Risottoreis)
5 frische Feigen
Meersalz
1 EL Olivenöl
Pfeffer aus der Mühle
Fleur de Sel
Für die Brunnenkresse:
1 Bund Brunnenkresse
1 EL Limettensaft
1 EL Sesamöl
1 EL Rapsöl
Meersalz · Zucker

Zubereitungszeit:
ca. 1 1/4 Stunden
Marinierzeit: 1 Tag

1 Am Vortag für die Entenbrust den Fond mit den Gewürzen in einen Topf geben, aufkochen und abkühlen lassen. Die Entenbrustfilets waschen, mit Küchenpapier trocken tupfen und die Haut mit einem scharfen Messer mehrmals einritzen. Die Filets in die Marinade geben und zugedeckt im Kühlschrank etwa 24 Stunden marinieren.

2 Am nächsten Tag die Filets aus der Marinade nehmen und gut mit Küchenpapier trocken tupfen. Die Marinade durch ein Sieb in einen Topf gießen, aufkochen und mit Sojasauce, Essig und Limettensaft pikant abschmecken. Die Zwiebeln schälen und in feine Würfel schneiden. Die Hälfte der Butter in einem Topf erhitzen und die Zwiebeln darin glasig dünsten. Den Reis hinzufügen und unter Rühren einige Minuten andünsten. Nach und nach etwas heiße Marinade dazugießen und unter Rühren einkochen lassen. Den Vorgang so oft wiederholen, bis der Reis gar ist – das dauert etwa 50 Minuten (bei Risottoreis 20 bis 30 Minuten). Etwa 15 Minuten vor Ende der Garzeit die Feigen halbieren, das Fruchtfleisch mit einem Löffel herauslösen, eventuell zerkleinern und unter den Risotto heben.

3 Inzwischen den Backofen auf 140 °C vorheizen. Die Entenbrustfilets leicht mit Salz würzen. Das Olivenöl in einer Pfanne erhitzen und die Entenbrust darin auf der Hautseite etwa 5 Minuten goldgelb braten. Wenden und auf der Fleischseite einige Minuten anbraten. Ein Backblech auf die untere Schiene des Backofens schieben. Die Entenbrust mit der Hautseite nach oben auf das Ofengitter legen und im Ofen auf der mittleren Schiene etwa 15 Minuten fertig garen. Herausnehmen, mit Pfeffer würzen und 10 Minuten ruhen lassen.

4 Die Brunnenkresse verlesen, waschen, trocken schütteln und die groben Stiele entfernen. Den Limettensaft mit den beiden Ölsorten verquirlen und mit Salz und Zucker würzen. Die Vinaigrette mit der Brunnenkresse mischen.

5 Den Risotto vom Herd nehmen, die restliche Butter unterrühren und mit Fleur de Sel und Pfeffer abschmecken. Den Risotto auf Teller verteilen. Die Entenbrust in Scheiben schneiden, mit Fleur de Sel bestreuen und auf dem Risotto anrichten. Mit der Brunnenkresse garnieren.

Mein Tipp > Venere-Reis ist eine schwarze Reissorte, die vorwiegend im Piemont angebaut wird. Da seine Samenhäutchen nicht abgeschliffen werden, ist er reich an Vitaminen und Mineralstoffen und gart schön bissfest. Venere-Reis schmeckt nussig und duftet nach frischem Brot.

Klassischer Gänsebraten
mit Rotkohl

Zutaten für 4–6 Personen
Für den Rotkohl:
500 g Rotkohl
500 g rote Zwiebeln
1/4 l Rotwein
1 unbehandelte Orange
1 Gewürznelke · 5 Pimentkörner
5 Wacholderbeeren
4 EL Zucker · 2 EL Gänseschmalz
Meersalz · Pfeffer aus der Mühle
80 g Wildpreiselbeeren
80 g Apfelmus
Für die Gans und die Sauce:
1 Freiland-Gans (küchenfertig; ca. 4 kg) · Meersalz
1 kg Gänseklein
je ca. 150 g Möhre und Knollensellerie
1 säuerlicher Apfel (z. B. Boskop)
2 Zwiebeln
2 EL Tomatenmark
150 ml roter Portwein
200 ml Rotwein
1 l Hühnerbrühe
2 Stiele Majoran
Pfeffer aus der Mühle
Für die Füllung:
2 säuerliche Äpfel (z. B. Boskop)
3 Zwiebeln
1–2 Zweige getrockneter Beifuß
Meersalz · Pfeffer aus der Mühle
je 1 Prise frisch geriebene Muskatnuss, Nelken-, Piment- und Zimtpulver (oder 1/2 TL Quatre-épices-Gewürzmischung)

Zubereitungszeit: 4–5 Stunden
Marinierzeit: 1 Tag

1 Am Vortag den Rotkohl putzen und die Zwiebeln schälen. Beides in feine Streifen hobeln und mit dem Wein mischen. Die Orange heiß waschen und trocken reiben. Ein etwa 10 cm langes Stück Schale abschneiden und den Saft auspressen. Beides zum Rotkohl geben. Die Gewürze in einen Einwegteebeutel geben und hinzufügen. Den Rotkohl zugedeckt 1 Tag marinieren.

2 Am nächsten Tag die Gans innen und außen waschen. Flügelspitzen und Hals abschneiden und klein hacken. Die Gans in einem großen Topf oder ovalen Bräter in reichlich Salzwasser knapp unterhalb des Siedepunkts etwa 45 Minuten garen. Herausnehmen, abtropfen lassen und mit Küchenpapier trocken tupfen.

3 Für die Sauce den Backofen auf 225 °C vorheizen. Flügel-, Halsstücke und Gänseklein auf dem tiefen Backblech verteilen und im Ofen auf der mittleren Schiene etwa 30 Minuten anrösten, dabei zwischendurch wenden. Herausnehmen und das Fett in eine Schüssel abgießen. Möhre, Sellerie, Apfel und Zwiebeln schälen und in Würfel schneiden. 2 EL Gänsefett erhitzen und das Gemüse kräftig darin anbraten. Das Tomatenmark unterrühren und kurz mitbraten. Die Gänsestücke dazugeben, mit Portwein und Wein ablöschen und 5 bis 10 Minuten einkochen lassen. Brühe und Majoran hinzufügen und etwa 1 Stunde köcheln lassen. Die Sauce durch ein Sieb gießen und auf die gewünschte Konsistenz einkochen lassen.

4 Den Backofen auf 160 °C vorheizen. Für die Füllung die Äpfel vierteln, schälen und entkernen. Die Zwiebeln schälen und in Spalten schneiden. Die Beifußspitzen abstreifen und mit Salz, Pfeffer und den übrigen Gewürzen mit Äpfeln und Zwiebeln mischen. Die Gans innen mit Salz und Pfeffer würzen, die Füllung hineingeben und die Öffnung verschließen (siehe S. 99). 1 l Ganskochsud in das tiefe Backblech geben und auf die untere Schiene des Ofens schieben. Die Gans mit der Brust nach oben auf das Ofengitter legen und darüber einschieben. Die Gans 1 Stunde bei 160 °C, dann 1 Stunde bei 180 °C und schließlich etwa 45 Minuten bei 200 °C braten, dabei alle 30 Minuten mit Sud aus dem Backblech begießen.

5 Den Rotkohl in einem Sieb abtropfen lassen, dabei die Marinade auffangen und die Gewürze und die Orangenschale beiseitelegen. Den Zucker in einem Topf karamellisieren. Das Schmalz und den Rotkohl dazugeben und unter Rühren andünsten. Mit Salz und Pfeffer würzen. Die Marinade, die Gewürze und die Orangenschale wieder dazugeben und alles etwa 1 Stunde köcheln lassen. Die Gewürze und die Orangenschale entfernen, die Preiselbeeren und das Apfelmus unterrühren, aufkochen und mit Salz und Pfeffer abschmecken.

6 Die Gans herausnehmen und tranchieren. Die Sauce erwärmen, den Sud entfetten und zur Sauce geben. Nach Belieben mit Speisestärke binden. Die Gans mit der Sauce und dem Rotkohl servieren. Dazu passen Feigenbuchteln (siehe S. 176).

RIND & KALB

Ich muss gestehen, ich liebe rohes Rindfleisch – in feine Würfel geschnitten als Tatar oder hauchdünn geklopft als Carpaccio. Aber ich mag auch die Teile vom Rind, aus denen man saftige Schmorbraten oder feines Gulasch zubereitet wie Schulter, Nacken und Wade. Denn langes Schmoren oder Kochen von Rindfleisch hat einen unschlagbaren Nebeneffekt: Es bringt immer auch eine herrliche Sauce oder Brühe mit sich. Lernen Sie auf den nächsten Seiten, welche Stücke vom (Jung-)Rind sich wofür am besten eignen, lassen Sie sich zeigen, wie man klassische Rouladen macht, wie man ein Entrecôte perfekt brät und gekochtes Rindfleisch zubereitet.

Welche Teile wofür?

Wissen Sie eigentlich immer, aus welchen Teilen vom Rind Sie Ihr Essen zubereiten? Ob es ein Stück aus der Schulter, der Hüfte oder dem Rücken ist? Gulaschfleisch, Rouladenfleisch, Suppenfleisch, Bratenfleisch sind oft die einzigen Bezeichnungen, mit denen die Verbraucher etwas anfangen können. Leider. Unsere Mütter wussten es noch: Die Brust ergibt eine gute Suppe, die Hüfte feines Kochfleisch, aus Schulter und Wade macht man herrliche Schmorbraten und Ragouts, und der Rücken ist zum Kurzbraten da. Es ist ganz einfach: Wer die passenden Stücke wählt, bekommt das beste Ergebnis.

Eine Frage der Nationalität

Unsere europäischen Nachbarn sind da anspruchsvoller. Vor allem die Österreicher sind große Liebhaber von Rindfleisch und versehen die Teile ihres Lieblingstiers mit fast zärtlich klingenden Namen wie Scherzel, Meisel, Fledermaus oder Kruspelspitz. Nicht im Traum würde es einem Wiener einfallen, irgendein »Gulaschfleisch« zu kaufen. Stattdessen wird er wahrscheinlich den bindegewebsreichen Wadschinken oder ein Hüferschwanzel wählen, weil damit die Sauce eine schönere Sämigkeit bekommt. Weil jedes Land seine eigenen Zuschnitte hat, ist es manchmal gar nicht so leicht, von Originalrezepten auf die bei uns angebotenen Teilstücke zu schließen. Werden Sie zum Fleischkenner, und sprechen Sie mit Ihrem Metzger über Ihre Wünsche und Fragen in puncto Rind. Wenn er sein Handwerk liebt, wird er sicherlich bereitwillig Auskunft geben über alles, was es zu wissen gibt.

Das Kalb – rosig und zart

Kälber nennt man die jungen Rinder, die je nach Fütterung und Aufzucht in einem Alter von drei bis sechs Monaten geschlachtet werden. Weil die Muskulatur der Tiere noch nicht voll entwickelt ist, das Bindegewebe noch weich und der Fettgehalt niedrig ist, ist Kalbfleisch feinfaserig, hellrosa und benötigt nur relativ kurze Garzeiten. Die begehrtesten Teile vom Kalb sind Schnitzel, Rücken und Keule, die kurz gebraten und geschmort werden. Aus dem Brust- und Schulterfleisch kocht man feine Ragouts.

Rouladen verschließen

Bei Rouladen sorgt die Füllung für den Geschmack. Damit sie da bleibt, wo sie hingehört, müssen Rouladen sorgfältig verschlossen werden. Es gibt drei Möglichkeiten:

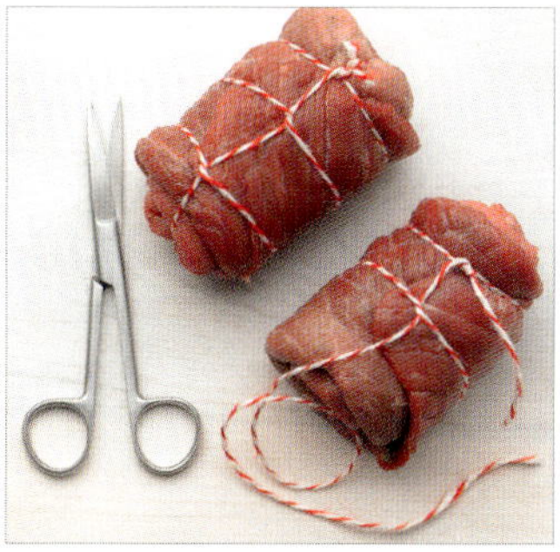

Die Rouladen wie einen Rollbraten mit Küchengarn umwickeln. Das Garn verknoten, kurz vor dem Servieren aufschneiden und entfernen.

Die Rouladen mit kleinen Holzspießen zustecken. Dafür die Spießchen der Länge nach vorsichtig durch das Fleisch schieben.

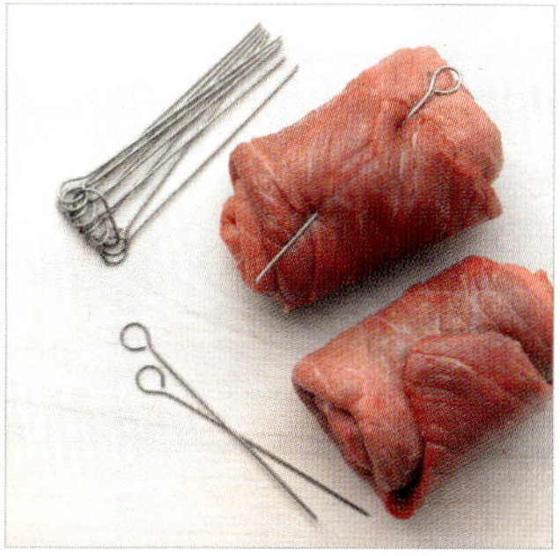

Die Rouladen mit speziellen Rouladennadeln aus Metall verschließen. An ihrem gebogenen Ende lassen sie sich gut anfassen und drücken.

Filetsteaks braten

Mehrere Zentimeter dicke Rinderfilets werden besonders zart, wenn Sie sie zuerst in der Pfanne anbraten und dann im Backofen fertig garen. So wird's gemacht:

Mehrere EL hoch erhitzbares Öl in einer ofenfesten Pfanne erhitzen und die Steaks darin auf jeder Seite 1 bis 2 Minuten anbraten.

Das Bratöl entfernen und die Steaks mit gutem Olivenöl beträufeln. Mit frischen Kräutern und Knoblauch umlegen.

Die Steaks im Backofen bei 120 °C 10 bis 15 Minuten gar ziehen lassen. Sie sind medium bei einer Kerntemperatur von 55 bis 60 °C.

Eine Frage der Qualität

Ob Ihr Braten oder Gulasch nach der im Rezept angegebenen Zeit wirklich perfekt ist, hängt von vielen Faktoren ab, z. B. davon, wie lange das Fleisch abgehangen hat, wie alt das Tier war, von dem es stammt, und vieles mehr. Deshalb können die in den Rezepten angegebenen Garzeiten nur grobe Richtwerte sein. Kalkulieren Sie dies bei der Zubereitung immer mit ein. Bei kleinen Stücken kann man das ganz leicht herausfinden, indem man ein Stück herausfischt und probiert. Von großen Stücken müssen Sie dafür am Rand etwas abschneiden. Ist es noch zu fest, einfach wieder in die Brühe oder Sauce legen und weitergaren.

Marinieren und beizen

Um Fleisch, egal ob kleine oder große Stücke, zarter und aromatischer zu machen, legt man es ein. Die klassische Marinade besteht aus säurehaltigen Flüssigkeiten wie Wein und/oder Essig sowie Gewürzen und Kräutern. Piment, Pfeffer, Nelke, Koriander & Co. steckt man am besten in einen Einwegteebeutel, damit man sie nach dem Garen besser herausfischen kann. Aus dem gleichen Grund werden Kräuter wie Lorbeer, Salbei, Thymian oder Rosmarin mit Garn zusammengebunden. Marinaden werden nie gesalzen, das würde das Fleisch auslaugen. Wichtig: Die Marinade sollte das Fleisch ganz bedecken.

Kalbsklößchen
mit Zitronensauce und Spargelsalat

Zutaten für 4 Personen
Für die Kalbsklößchen:
1 Brötchen (vom Vortag)
100 ml Milch
1 Zwiebel · 1 Knoblauchzehe
2 EL Butter
je 2 Stiele Petersilie und Majoran
2 Sardellenfilets (in Öl eingelegt)
1 unbehandelte Zitrone
800 g Kalbshackfleisch
1 EL Senf · 2–3 EL kleine Kapern
30 g geriebener Parmesan
3 Eier
Meersalz · Pfeffer aus der Mühle
frisch geriebene Muskatnuss
Für den Sud und die Sauce:
3/4 l Hühnerbrühe
1 Lorbeerblatt
1 TL schwarze Pfefferkörner
1 Stück unbehandelte Zitronenschale (ca. 10 cm lang)
4 Eigelb · ca. 5 EL Zitronensaft
Meersalz · Pfeffer aus der Mühle
Für den Spargelsalat:
750 g grüner Spargel · Meersalz
1 EL Aceto balsamico · 1 TL Senf
Pfeffer aus der Mühle
3 EL Olivenöl
2–3 EL Schnittlauchröllchen

Zubereitungszeit:
ca. 1 Stunde

1 Für die Kalbsklößchen das Brötchen entrinden und in Würfel schneiden. Die Milch in ein Schälchen geben und die Brötchenwürfel darin einweichen. Die Zwiebel und den Knoblauch schälen und in feine Würfel schneiden. Die Butter in einer Pfanne erhitzen, die Zwiebel und den Knoblauch darin andünsten. Die Kräuter waschen und trocken schütteln. Die Blätter abzupfen, fein schneiden und mit der Zwiebelmischung in eine große Schüssel geben.

2 Die Sardellen abtropfen lassen und fein hacken. Die Zitrone heiß waschen, trocken reiben und die Schale fein abreiben. Die Brötchenwürfel leicht ausdrücken. Mit Sardellen, Zitronenschale, Hackfleisch, Senf, den abgetropften Kapern, dem Parmesan und den Eiern zur Zwiebelmischung in die Schüssel geben und alles verkneten. Den Hackfleischteig mit etwa 1 1/2 TL Salz, Pfeffer und Muskatnuss würzen. Mit angefeuchteten Händen 12 bis 16 Klößchen daraus formen.

3 Für den Sud die Brühe mit dem Lorbeerblatt, den Pfefferkörnern und der Zitronenschale in einen weiten Topf geben und zum Kochen bringen. Die Kalbsklößchen darin bei schwacher Hitze etwa 15 Minuten gar ziehen lassen.

4 Für den Spargelsalat den Spargel waschen und die Enden abbrechen. Die Stangen schräg in Stücke schneiden und in kochendem Salzwasser 3 bis 5 Minuten bissfest garen. Den Spargel in ein Sieb abgießen, eiskalt abschrecken und abtropfen lassen. Für die Vinaigrette den Essig, den Senf, Salz, Pfeffer und das Olivenöl verrühren. Den Spargel in eine Schüssel geben und mit der Vinaigrette und den Schnittlauchröllchen mischen.

5 Die Kalbsklößchen aus der Brühe nehmen und warm stellen. 300 ml Kochsud abmessen und durch ein feines Sieb in eine Metallschüssel gießen. Die Eigelbe und 4 EL Zitronensaft dazugeben und unterrühren. Die Sauce im heißen Wasserbad cremig aufschlagen. Mit Salz, Pfeffer und Zitronensaft abschmecken. Die Klößchen in die Sauce geben und mit dem Spargelsalat anrichten. Dazu passen Stampfkartoffeln.

Mein Tipp > Die Zitronensauce darf nicht zu heiß werden, sonst gerinnt das Eigelb, und die Sauce flockt aus. Wer sich die Zubereitung im Wasserbad (noch) nicht zutraut, der verrührt die Eigelbmischung mit 1 EL Mehl und schlägt sie in einem Topf auf dem Herd auf. Dabei kann die Sauce sogar kurz kochen.

Land und Meer
mit Thunfischsauce

Zutaten für 4 Personen
Für die Thunfischsauce:
2 Schalotten
1 Knoblauchzehe
3 EL Olivenöl
200 g Thunfisch (in Öl eingelegt)
2 EL Kapern
100 ml Weißwein
300 ml Kalbsfond (aus dem Glas)
1–2 EL Mascarpone
Meersalz
Pfeffer aus der Mühle
Für »Land und Meer«:
2 Kalbsrückensteaks
(ca. 2 1/2 cm dick)
Meersalz
3 EL Olivenöl
2 Knoblauchzehen
1 Stiel Salbei
einige Zweige Thymian
2 Thunfischsteaks
(ca. 2 1/2 cm dick)
Außerdem:
ca. 100 ml Öl zum Frittieren
2–3 EL Kapern (in Salz eingelegt)

Zubereitungszeit:
ca. 50 Minuten

1 Für die Thunfischsauce die Schalotten und den Knoblauch schälen und in feine Würfel schneiden. Das Olivenöl in einer Pfanne erhitzen, die Schalotten und den Knoblauch darin andünsten. Den Thunfisch und die Kapern abtropfen lassen, dabei etwas Kaperneinlegeflüssigkeit auffangen und beiseitestellen. Den Thunfisch mit einer Gabel etwas zerpflücken, mit den Kapern zur Schalottenmischung geben und kurz mitdünsten. Den Wein dazugießen und einkochen lassen. Den Fond hinzufügen und die Sauce etwa 5 Minuten köcheln lassen. Die Thunfischsauce mit dem Stabmixer fein pürieren, durch ein Sieb streichen und beiseitestellen.

2 Für »Land und Meer« den Backofen auf 140 °C vorheizen. Die Kalbsrückensteaks mit Küchenpapier trocken tupfen und leicht mit Salz würzen. In einer ofenfesten Pfanne 2 EL Olivenöl erhitzen und die Kalbssteaks darin auf jeder Seite bis 2 Minuten kräftig anbraten. Den Knoblauch schälen, leicht andrücken und mit dem Salbei und dem Thymian hinzufügen. Die Steaks im Ofen auf der mittleren Schiene 5 bis 8 Minuten gar ziehen lassen.

3 Die Thunfischsteaks mit Küchenpapier trocken tupfen. Eine Grillpfanne erhitzen, mit dem restlichen Olivenöl einstreichen und den Thunfisch darin auf jeder Seite 1 bis 2 Minuten grillen (er sollte innen noch rosa und leicht glasig sein).

4 Die Thunfischsauce wieder erhitzen, den Mascarpone mit dem Stabmixer unterrühren und die Sauce mit Salz, Pfeffer und etwas Kaperneinlegeflüssigkeit abschmecken.

5 Das Öl zum Frittieren in einem kleinen Topf erhitzen. Die Kapern hineingeben und kurz frittieren, bis sie aufplatzen. Mit dem Schaumlöffel herausheben und auf Küchenpapier abtropfen lassen.

6 Die Kalbsrückensteaks und den Thunfisch jeweils schräg halbieren. Mit der Thunfischsauce anrichten und mit den frittierten Kapern bestreuen. Dazu passen in Olivenöl gebratene Lauchzwiebeln und Weißbrot.

Mein Tipp > Statt mit frittierten Kapern können Sie dieses Gericht auch mit Kapernfrüchten (auch Riesenkapern oder Kapernäpfel genannt) garnieren. Diese Früchte des Kapernstrauchs, der im gesamten Mittelmeerraum beheimatet ist, sind in einen Essigsud oder in Salz eingelegt.

Gefüllte Kalbs-Piccata
mit lauwarmen Ofentomaten

Zutaten für 4 Personen
Für die Ofentomaten:
800 g kleine Strauchtomaten
3 Schalotten
3 Knoblauchzehen
4 EL Olivenöl
1–2 TL brauner Zucker
Fleur de Sel
Pfeffer aus der Mühle
1/2 Bund Schnittlauch
1–2 EL Sherryessig
Für die Piccata:
120 g Büffelmozzarella
50 g getrocknete Tomaten (in Öl eingelegt)
1–2 Stiele Basilikum
4 dünne Kalbsschnitzel (aus der Hüfte; à ca. 150 g)
Meersalz
Pfeffer aus der Mühle
2 Scheiben Toastbrot
3 Eier
30 g geriebener Parmesan
ca. 100 ml Olivenöl
2 EL Butter

Zubereitungszeit:
ca. 45 Minuten

1 Für die Ofentomaten den Backofen auf 200 °C vorheizen. Die Tomaten waschen, halbieren und mit den Schnittflächen nach oben auf einem Backblech verteilen. Die Schalotten und den Knoblauch schälen. Die Schalotten halbieren und in dünne Scheiben schneiden, den Knoblauch ebenfalls in Scheiben schneiden. Beides zwischen den Tomaten verteilen. Das Olivenöl darüberträufeln und alles mit dem Zucker bestreuen. Die Tomaten mit Fleur de Sel und Pfeffer würzen und im Ofen auf der mittleren Schiene etwa 10 Minuten garen.

2 Für die Piccata den Mozzarella in kleine Würfel schneiden. Die Tomaten abtropfen lassen und in feine Würfel schneiden. Das Basilikum waschen und trocken schütteln, die Blätter abzupfen und in Streifen schneiden.

3 Die Kalbsschnitzel mit Küchenpapier trocken tupfen, jeweils zwischen zwei Lagen Frischhaltefolie legen und flach klopfen. Auf beiden Seiten mit Salz und Pfeffer würzen. Den Mozzarella, die getrockneten Tomaten und das Basilikum jeweils auf der einen Hälfte der Schnitzel verteilen, dabei rundum einen Rand frei lassen. Die andere Hälfte darüberklappen und die Ränder gut andrücken.

4 Vom Toastbrot die Rinde entfernen, den Rest in grobe Würfel schneiden und im Blitzhacker fein zerkleinern. Die Eier in einem tiefen Teller verquirlen. Die Toastbrotwürfel und den Parmesan dazugeben und alles gut verrühren.

5 In einer großen beschichteten Pfanne das Olivenöl mit der Butter erhitzen. Die gefüllten Schnitzel (Piccata) durch die Eiermischung ziehen und im heißen Fett bei mittlerer Hitze auf jeder Seite 3 bis 5 Minuten goldbraun ausbacken.

6 Den Schnittlauch waschen, trocken schütteln und in feine Röllchen schneiden. Die Tomaten-Schalotten-Mischung aus dem Ofen nehmen und in eine Schüssel geben. Den Schnittlauch unterheben und die Ofentomaten mit Essig, Fleur de Sel und Pfeffer abschmecken. Die Piccata auf Küchenpapier abtropfen lassen und mit den lauwarmen Ofentomaten anrichten. Nach Belieben mit Basilikumblättern garnieren.

Mein Tipp > Die berühmteste Piccata ist der Klassiker Piccata alla milanese. Dafür werden kleine Kalbsschnitzel wie oben beschrieben paniert, goldgelb ausgebacken und mit Tomatensauce und Spaghetti angerichtet.

Marinierte Filetsteaks
mit Wokgemüse und Sesam

Zutaten für 4 Personen
800 g Rinderfilet (am Stück)
200 ml Sojasauce
5 EL Reisessig
100 ml Mirin (japan. Reiswein; oder trockener Sherry)
3 EL Sesamöl
2 TL Zucker
1 Stück Ingwer (ca. 2 cm)
2 Knoblauchzehen
2 EL geschälte Sesamsamen
je 1/2 TL Korianderkörner und Kreuzkümmelsamen
1/4 TL schwarze Pfefferkörner
400 g Brokkoli
400 g Pak Choi (oder Chinakohl)
1 Bund Frühlingszwiebeln
200 g Shiitake-Pilze
4 EL Erdnussöl

Zubereitungszeit: ca. 1 Stunde
Marinierzeit: mind. 2 Stunden

1 Das Fleisch mit Küchenpapier trocken tupfen, in etwa 1 cm dicke Scheiben schneiden und in eine Schale legen. Die Sojasauce, den Reisessig, den Reiswein, das Sesamöl und den Zucker zu einer Marinade verrühren. Den Ingwer und den Knoblauch schälen, in feine Würfel schneiden und dazugeben. Die Marinade über das Fleisch gießen und die Steaks zugedeckt mindestens 2 Stunden marinieren.

2 Den Sesam und den Koriander in einer Pfanne ohne Fett rösten, bis sie aromatisch duften. Herausnehmen und abkühlen lassen. Mit dem Kreuzkümmel und den Pfefferkörnern in den Mörser geben und fein zerstoßen. Die Gewürzmischung beiseitestellen.

3 Den Brokkoli putzen und in Röschen teilen, waschen und abtropfen lassen. Den Pak Choi putzen und den Strunk abschneiden. Die Blätter ablösen und waschen, trocken schütteln und nach Belieben längs halbieren. Die Frühlingszwiebeln putzen, waschen und in beliebig große Stücke schneiden. Die Pilze putzen und vorsichtig abreiben, falls nötig, kurz waschen und gut trocken tupfen.

4 Die Steaks aus der Marinade nehmen und mit Küchenpapier trocken tupfen. Einen Wok oder eine große Pfanne erhitzen und 2 EL Erdnussöl hineingeben. Die Steaks darin bei starker Hitze auf jeder Seite etwa 30 Sekunden anbraten. Herausnehmen und beiseitestellen. Das restliche Erdnussöl in den Wok oder in die Pfanne geben. Das Gemüse darin unter gelegentlichem Rühren einige Minuten anbraten. Die Marinade hinzufügen und alles etwa 4 Minuten köcheln lassen. Das Fleisch dazugeben und kurz erhitzen. Die Steaks mit dem Wokgemüse anrichten und mit der Gewürzmischung bestreuen. Dazu passt Basmatireis.

Mein Tipp > Erdnussöl ist in der asiatischen Küche die erste Wahl, wenn es um hohe Temperaturen geht, etwa beim Frittieren oder scharfen Anbraten. Der Grund dafür ist sein besonders hoher Rauchpunkt – so nennt man die Temperatur, ab der das Fett Rauch und schädliche Substanzen entwickelt.

Entrecôte
mit Sardellenbutter und Oliven

Zutaten für 4 Personen
4 Sardellenfilets (in Öl eingelegt)
2–3 Stiele Petersilie
1 Zweig Thymian
2 Knoblauchzehen · 2 Schalotten
100 g weiche Butter · 2 TL Grappa
Meersalz · Pfeffer aus der Mühle
2 Entrecôtes doubles (à ca. 400 g; aus dem Zwischenrippenstück, etwa 4 cm dick)
2 EL Olivenöl
100 g große grüne Oliven (z. B. Bella di Cerignola)

Zubereitungszeit: ca. 1 Stunde

1 Die Sardellenfilets abtropfen lassen und fein hacken. Kräuter waschen und trocken schütteln, Blätter abzupfen und fein schneiden. Knoblauch und Schalotten schälen und in feine Würfel schneiden. Butter mit Grappa cremig rühren, die vorbereiteten Zutaten unterrühren. Salzen und pfeffern.

2 Den Backofen mit einer ofenfesten Form darin auf 120 °C vorheizen. Die Entrecôtes mit Küchenpapier trocken tupfen und leicht mit Salz würzen. Das Olivenöl in einer Pfanne erhitzen und die Steaks darin bei starker Hitze auf jeder Seite etwa 3 Minuten anbraten. In die Form legen und jeweils 1 EL Sardellenbutter daraufgeben. Im Ofen auf der mittleren Schiene je nach gewünschtem Gargrad 20 bis 40 Minuten gar ziehen lassen.

3 Die Oliven halbieren, entsteinen und in Streifen schneiden. Die Steaks aus dem Ofen nehmen und etwa 5 Minuten ruhen lassen. Die restliche Sardellenbutter in einer Pfanne aufschäumen und die Oliven hinzufügen. Die Entrecôtes in Scheiben schneiden und mit der Sardellenbutter beträufeln.

Rindergulasch
mit frischen Paprikaschoten

Zutaten für 4 Personen
je 400 g rote und weiße Zwiebeln
4 EL Olivenöl · 2 Knoblauchzehen
1/2 TL gemahlener Kümmel
2 EL Paprikapulver (edelsüß)
2 EL Tomatenmark
100 ml Rotwein
400 ml Rinderbrühe oder -fond
1 Lorbeerblatt
1 kg Rindergulasch (aus der Wade oder der Hüfte)
Meersalz · Pfeffer aus der Mühle
3 rote Paprikaschoten
Piment d'Espelette (oder Cayennepfeffer)

Zubereitungszeit: ca. 2 Stunden

1 Die Zwiebeln schälen und in feine Würfel schneiden. Das Olivenöl in einem Schmortopf erhitzen und die Zwiebeln darin bei schwacher Hitze unter Rühren etwa 15 Minuten dünsten.

2 Den Knoblauch schälen und in feine Würfel schneiden. Mit dem Kümmel und dem Paprikapulver zu den Zwiebeln geben und kurz mitdünsten. Das Tomatenmark unterrühren und ebenfalls kurz mitdünsten. Den Wein angießen und etwas einkochen lassen. Die Brühe und das Lorbeerblatt dazugeben und aufkochen lassen. Das Fleisch mit Küchenpapier trocken tupfen und hinzufügen, mit Salz und Pfeffer würzen. Alles zugedeckt bei schwacher Hitze 1 bis 1 1/2 Stunden garen, dabei ab und zu umrühren.

3 Den Backofengrill einschalten. Die Paprikaschoten vierteln, entkernen und waschen. Mit der Hautseite nach oben auf ein mit Backpapier belegtes Backblech geben. Die Paprika im Ofen auf der mittleren Schiene grillen, bis die Haut dunkel wird und Blasen wirft. Herausnehmen, ein feuchtes Küchentuch darauflegen und etwas abkühlen lassen. Die Haut der Schoten mit einem spitzen Messer abziehen und die Paprikaviertel in Streifen schneiden.

4 Die Paprikaschoten 10 Minuten vor Ende der Garzeit unter das Gulasch mischen und mitgaren. Das Paprikagulasch mit Salz und Piment d'Espelette abschmecken. Nach Belieben mit Nudeln oder Weißbrot servieren.

Mein Tipp > Mein Erfolgsrezept gegen Tränen beim Zwiebelschneiden: ein Schluck Wasser. Das Wasser einfach während des Schneidens im Mund behalten.

Gekochtes Rindfleisch
mit zweierlei Gemüsesaucen

Zutaten für 4–6 Personen

Für das Rindfleisch:

2 Zwiebeln
1 Bund Suppengemüse
2 Tomaten
2 Knoblauchzehen
einige Zweige Thymian
2 Lorbeerblätter
1 EL schwarze Pfefferkörner
1 1/2 kg Rinderschulter (Schaufelstück, Scherzel)
200 ml Weißwein
Meersalz

Für die Gemüsesaucen:

200 g Möhren
200 g Knollensellerie
1 Stange Lauch
4 EL Butter
Meersalz
Pfeffer aus der Mühle
1 EL Dijonsenf
2 EL milder Weißweinessig
5 EL Olivenöl
100 g eingelegte Senffrüchte (oder eingelegter Kürbis)
Zucker
2–3 Stiele Petersilie
2–3 EL Schnittlauchröllchen
ca. 75 g frischer Meerrettich

Zubereitungszeit: ca. 2 1/4 Stunden
Marinierzeit: ca. 1 Tag

1 Am Vortag für das Rindfleisch die Zwiebeln schälen, in grobe Würfel schneiden und in einen Topf geben. Das Suppengemüse putzen, waschen bzw. schälen und klein schneiden. Die Tomaten waschen und in Stücke schneiden. Den Knoblauch schälen. Alles zu den Zwiebeln geben. Den Thymian waschen und mit den Lorbeerblättern und den Pfefferkörnern hinzufügen. Das Fleisch in den Topf geben, den Wein angießen und so viel kaltes Wasser dazugeben, dass das Fleisch bedeckt ist. Das Fleisch zugedeckt 1 Tag im Kühlschrank durchziehen lassen.

2 Am nächsten Tag die Marinade mit Salz würzen. Das Fleisch in der Marinade zum Kochen bringen und bei schwacher Hitze etwa 2 Stunden köcheln lassen. Den an die Oberfläche steigenden Schaum dabei ab und zu mit dem Schaumlöffel abschöpfen.

3 Für die Gemüsesaucen die Möhren und den Sellerie putzen, schälen und in sehr feine Würfel schneiden. Den Lauch putzen und waschen, längs vierteln und in feine Streifen schneiden. Die Butter in einem Topf erhitzen und das Gemüse darin andünsten. Mit Salz und Pfeffer würzen. So viel von der heißen Rindfleischbrühe dazugeben, dass das Gemüse etwa zur Hälfte bedeckt ist. Das Gemüse zugedeckt ein paar Minuten bissfest dünsten. In eine Schüssel geben und den Senf, den Essig und das Olivenöl unterrühren.

4 Die Gemüsesauce gleichmäßig auf zwei Schüsseln verteilen. Die Senffrüchte in feine Würfel schneiden und unter eine Hälfte der Gemüsesauce mischen. Die Senffrüchtesauce mit Salz, Pfeffer und Zucker abschmecken. Die Petersilie waschen und trocken schütteln, die Blätter abzupfen und fein schneiden. Die Petersilie und den Schnittlauch unter die andere Hälfte der Gemüsesauce mischen. Den Meerrettich schälen, auf der Gemüsereibe fein reiben und unter die Kräutersauce mischen. Die Meerrettich-Kräuter-Sauce mit Salz und Pfeffer abschmecken.

5 Das Fleisch aus der Brühe nehmen und in Scheiben schneiden. Mit den beiden Gemüsesaucen anrichten. Die Brühe mit Salz und Pfeffer abschmecken und dazu servieren. Dazu passen Bratkartoffeln.

Mein Tipp > Meerrettich reibe ich immer erst kurz vor der Verwendung auf einer scharfen Küchenreibe, damit er sein volles Aroma behält. Sie können für diese Gemüsesauce natürlich auch Meerrettich aus dem Glas verwenden. Wählen Sie dann jedoch den puren Meerrettich und nicht den milden Sahnemeerrettich.

Rinderrouladen
mit Tiroler Speck

Zutaten für 4 Personen
4 Scheiben Tiroler Speck (3–4 mm dick)
4 Schalotten
3 EL Olivenöl
4 dünne Rinderrouladen (aus der Hüfte; à ca. 200 g)
Meersalz
Pfeffer aus der Mühle
1–2 EL Dijonsenf
1 Bund Suppengemüse
1 Zwiebel
2 Stiele Petersilie
3 Zweige Thymian
1 Lorbeerblatt
1 TL Zucker
2 EL Tomatenmark
400 ml Rotwein
800 ml Rinderfond (aus dem Glas)

Zubereitungszeit:
ca. 2 Stunden

1 Den Tiroler Speck in feine Würfel schneiden. Die Schalotten schälen und in dünne Spalten schneiden. In einer Pfanne 1 EL Olivenöl erhitzen und die Schalotten darin andünsten. Die Fleischscheiben mit Küchenpapier trocken tupfen, jeweils zwischen zwei Lagen Frischhaltefolie legen und etwas dünner klopfen. Auf beiden Seiten mit Salz und Pfeffer würzen und nebeneinander auf die Arbeitsfläche legen.

2 Das Fleisch auf einer Seite dünn mit Senf bestreichen. Die Speckwürfel und die Schalotten darauf verteilen, dabei rundum einen Rand frei lassen. Die Fleischränder längs etwas nach innen über die Füllung schlagen. Die Fleischscheiben jeweils von einer Schmalseite her aufrollen und mit Rouladennadeln zustecken (siehe S. 117).

3 Das Suppengemüse putzen, waschen bzw. schälen und grob zerkleinern. Die Zwiebel schälen und klein schneiden. Die Kräuter waschen und trocken schütteln. Die Kräuter und das Lorbeerblatt mit Küchengarn zusammenbinden.

4 In einem Schmortopf 1 EL Olivenöl erhitzen. Die Rouladen darin bei starker Hitze rundum anbraten, herausnehmen. Das restliche Olivenöl in den Schmortopf geben, das Suppengemüse und die Zwiebelwürfel hinzufügen und unter Rühren kräftig anbraten. Den Zucker darüberstreuen und karamellisieren. Das Tomatenmark dazugeben und kurz mitbraten. Mit Salz und Pfeffer würzen und das Kräuterbund hinzufügen. Den Wein dazugießen und bei starker Hitze einkochen lassen. Den Fond angießen und aufkochen.

5 Die Rouladen wieder in den Topf legen und zugedeckt bei schwacher Hitze etwa 1 1/2 Stunden garen. Die Rouladen herausnehmen und den Schmorfond durch ein Sieb in einen Topf gießen. Falls die Sauce zu dünn ist, noch etwas Gemüse hinzufügen und mit dem Stabmixer pürieren. Die Sauce mit Salz und Pfeffer abschmecken. Die Rouladen mit der Sauce anrichten und nach Belieben roh gebratene Kartoffelwürfel mit Majoran dazu servieren.

Mein Tipp > Um eine Sauce sämig zu machen, gibt es verschiedene Möglichkeiten: Man kocht sie sehr stark ein, schlägt kurz vor dem Servieren kalte Butterstückchen unter oder bindet sie mit Speisestärke. Bei Schmorgerichten ist die Sache einfach: Hier püriert man einfach einen Teil des mitgegarten Gemüses in der Sauce.

Chianti-Braten
mit Tomaten

Zutaten für 4–6 Personen
1 Bund Suppengemüse
6 Schalotten
2 Knoblauchzehen
je 1/2 TL Piment- und schwarze Pfefferkörner
2 Zweige Rosmarin
4–5 Zweige Thymian
2 Lorbeerblätter
1 1/2 kg Rinderschulter (aus dem Mittelbugstück)
3/4 l trockener Chianti
70 ml Aceto balsamico
250 g Tomaten
2 EL Olivenöl
1 Speckschwarte
Meersalz
Pfeffer aus der Mühle
2 TL Zucker
1 EL Tomatenmark

Zubereitungszeit: ca. 4 Stunden
Marinierzeit: 1–2 Tage

1 Ein bis zwei Tage vorher das Suppengemüse putzen, waschen bzw. schälen und grob zerkleinern. Die Schalotten und den Knoblauch schälen und in feine Würfel schneiden. Die Gewürzkörner in einen Einwegteebeutel geben und verschließen. Die Kräuterzweige waschen und trocken schütteln. Die Kräuter und die Lorbeerblätter mit Küchengarn zusammenbinden. Das Fleisch mit Küchenpapier trocken tupfen und mit den vorbereiteten Zutaten in ein großes Gefäß oder einen großen Gefrierbeutel geben. Den Wein und den Essig angießen und das Fleisch zugedeckt 1 bis 2 Tage marinieren, dabei zwischendurch wenden.

2 Am Tag der Zubereitung die Stielansätze der Tomaten herausschneiden. Die Tomaten kurz in kochendes Wasser geben, herausheben, kalt abschrecken und häuten. Die Tomaten vierteln, entkernen und in kleine Würfel schneiden. Das Fleisch aus der Marinade nehmen, die Marinade durch ein Sieb gießen und auffangen, das Gemüse gut abtropfen lassen. Gewürze und Kräuter entfernen.

3 Den Backofen auf 160 °C vorheizen. Das Olivenöl in einem Bräter erhitzen und die Speckschwarte darin auslassen. Herausnehmen und entfernen. Das Fleisch mit Küchenpapier trocken tupfen, mit Salz würzen und im heißen Fett rundum kräftig anbraten. Mit Pfeffer würzen und herausnehmen. Das abgetropfte Gemüse im Bratfett kräftig anbraten, den Zucker darüberstreuen und leicht karamellisieren. Das Tomatenmark dazugeben und unter Rühren kurz mit anbraten. Die Tomatenwürfel unterrühren und mit Salz und Pfeffer würzen. Die Marinade angießen und auf etwa die Hälfte einkochen lassen. Das Fleisch in die Sauce legen und zugedeckt im Backofen auf der mittleren Schiene 1 Stunde bei 160 °C, 1 Stunde bei 140 °C und 1 Stunde bei 120 °C schmoren.

4 Das Fleisch herausnehmen. Die Sauce nach Belieben mit dem Stabmixer pürieren oder durch ein Sieb streichen und noch etwas einkochen lassen. Mit Salz, Pfeffer und nach Belieben mit etwas Aceto balsamico abschmecken. Das Fleisch in Scheiben schneiden und mit der Sauce servieren. Dazu passen Aligot, ein Kartoffel-Knoblauch-Püree, das mit Olivenöl und Ziegenfrischkäse geschmeidig gerührt wird, sowie an den Rispen kurz gebratene Kirschtomaten.

Mein Tipp > Fleisch aus der Schulter wie Schaufel- oder Mittelbugstück (Scherzel) eignet sich hervorragend zum Braten und Schmoren. Es ist zudem preiswerter als Stücke aus Rücken oder Keule. Die dicke Sehne, die sich durch dieses Fleisch zieht, wird beim langsamen Garen weich und macht den Braten noch saftiger.

SCHWEIN

Haben Sie schon mal einen »reschen Schweinsbraten« in Bayern gegessen? Ich schon, und ich kenne viele, die noch Jahre später von so einem knusprigen Exemplar schwärmen, mich eingeschlossen. Schweinefleisch ist das beliebteste Fleisch in Deutschland. Kein Wunder, denn es liefert neben saftigen Braten und Koteletts auch herrliche Schinken, deftige Würste und aromatischen Speck. Was so ein Schwein alles kann, entdecken Sie in diesem Kapitel: einen mit Ciabatta und Oliven gefüllten Braten, ein herzhaftes Kotelett, feine Fleischröllchen und nicht zu vergessen das sonntagsfeine Wildschweingulasch. Ein kulinarisches Feuerwerk für alle Fleischfans.

DE
BW01102
EG

Von Kopf bis Fuß ein Genuss

Wer um Hilfe ruft, wenn er ein Fitzelchen Fett am sonst so mageren Schnitzel entdeckt, wird an Schweinefleisch nicht die reine Freude haben. Alle anderen schon. Denn das rosige Rüsseltier hat unglaublich viel zu bieten. Das fängt schon beim Kopf mit den Schweinebäckchen an, geht über Nacken und Schulterstücke, die sich zum Braten und Schmoren eignen, über den zartfleischigen Rücken und den durchwachsenen Bauch bis zum wertvollen Hinterteil, das die schönsten Schinken liefert. Und welcher Mann kommt nicht ins Schwärmen beim Gedanken an knusprige Schweinshaxen? So ein Schwein gibt eben einfach alles!

Von Apfelschweinen und Sattelschweinen

Lange Jahre sah es so aus, als würde die Qualität von Schweinefleisch immer schlechter. Massentierhaltung und Billigproduktion führten dazu, dass Schweinefleisch auf den Speisekarten vieler Restaurants kaum noch zu finden war. Doch allmählich setzen immer mehr Züchter auf robuste alte Rassen, und immer mehr Genießer auf kerniges, aromatisches und gut durchwachsenes Fleisch von artgerecht aufgezogenen Tieren, etwa von Havelländer Apfelschweinen, Saalower Schweinen oder Angler Sattelschweinen.

Von Schinken, Speck und Würsten

Aus Schweinefleisch werden auch Schinken, Speck und Würste gemacht. Der berühmteste Schinken der Welt kommt aus Italien – der Parmaschinken. In seiner Heimat baumeln die luftgetrockneten Keulen von der Decke jedes Feinkostladens. Und ein Exemplar liegt immer auf der Theke. Niemals würde es hier jemandem einfallen, das gute Stück schon vor dem Verkauf in Scheiben zu schneiden. Ganz frisch, ganz dünn, heißt die Devise. Vom Schinken ist es nicht weit zum durchwachsenen Speck, der in Italien Pancetta heißt und unverzichtbar ist in vielen Pastagerichten. Und zur Salsiccia, einer groben, rohen Bratwurst, kräftig gewürzt mit Fenchel, Chili, Rosmarin und mehr. Man kann sie nicht nur im Ganzen braten, das Brät lässt sich für würzige Füllungen und Saucen verwenden (siehe rechte Seite).

Salsiccia für den Sugo vorbereiten

Die würzige, weiche Salsiccia gibt es in vielen Varianten von scharf bis mild und mit unterschiedlichen Kräutern und Gewürzen verfeinert. Sie eignet sich wunderbar für eine schnelle Pastasauce:

Das Wurstbrät mit den Fingern in kleinen Portionen aus der dünnen Haut drücken. Pro Person rechnet man etwa 100 g Salsiccia.

Die kleinen Brätportionen zu Bällchen formen. Wenn es besonders schnell gehen soll, können Sie das Brät auch krümelig verarbeiten.

Wurstbällchen in einer Pfanne in heißem Olivenöl rundum anbraten. Tomatensugo dazugeben und alles einige Minuten köcheln lassen.

Koteletts panieren

Paniertes lieben alle. Doch nicht nur dünne Schnitzel, auch Koteletts schmecken in einer goldbraunen Knusperhülle hervorragend. So machen Sie es richtig:

Drei flache Teller mit Mehl, Paniermehl und verquirltem Ei vorbereiten. Das Ei salzen, pfeffern und 1 EL geschlagene Sahne unterziehen.

Koteletts trocken tupfen und nacheinander in Mehl, Ei und Paniermehl wenden. Überschüssiges jeweils abklopfen bzw. abtropfen lassen.

Reichlich Öl, Butterschmalz oder geklärte Butter erhitzen und das Fleisch darin unter Rütteln auf beiden Seiten goldbraun braten.

Kleine Schinkenkunde

Die Keule ist das Prachtstück vom Schwein. Das haben die Menschen schon vor Urzeiten erkannt und den Schinken durch Salzen und Trocknen oder Räuchern haltbar gemacht. Während die Schinken in nördlichen Breiten meist geräuchert werden und dadurch einen kräftigen Geschmack bekommen, wie der Katen-, Ammerländer oder Schwarzwälder Schinken, erlaubt das milde Klima im Süden das langsame Trocknen an der Luft. Parmaschinken, San Daniele, Tiroler Speck und Jamón Ibérico gehören zu dieser Gruppe. Luftgetrocknete Schinken sind meist milder als geräucherte und fester, da sie Feuchtigkeit abgegeben haben.

Hier geht's um die Wurst

Neben der kräftigen Salsiccia, die ich gerne für deftige Schmorgerichte, Minestrone oder Pasta verwende, will ich Ihnen noch zwei weitere italienische Klassiker vorstellen: Mortadella und Fenchelsalami. Mortadella kommt aus Bologna, auch der Bauch Italiens genannt, denn dort liebt man es üppig. Die überdimensionale Wurst aus Schweinefleisch und Speck genießt man am besten ganz frisch aufgeschnitten. So kommt auch das intensive Fenchelaroma der »Finocchiona«, einer aus der Toskana stammenden Fenchelsalami, am besten zur Geltung. Ich liebe sie als Antipasto zu Brot, aber auch in Rucola- oder Nudelsalat macht sie sich gut.

Vorspeisenvariationen
mit Parmaschinken

Zutaten für 6 Personen
Für das Tatar:
300 g festkochende Kartoffeln
Meersalz
200 g Parmaschinken (in 2–3 mm dicken Scheiben)
4 EL Olivenöl
Pfeffer aus der Mühle
1–2 TL milder Weißweinessig
1 EL Schnittlauchröllchen
Für die Schinkenpäckchen:
6 Ziegenfrischkäsetaler (à ca. 30 g)
Pfeffer aus der Mühle
12 Salbeiblätter
6 dünne Scheiben Parmaschinken
1 kleiner Radicchio
2 EL Olivenöl
1 Spritzer Aceto balsamico
Meersalz
Für das Carpaccio:
4 EL geriebener Parmesan
2 große oder 4 kleine Steinpilze
3 EL Olivenöl
Meersalz · Pfeffer aus der Mühle
8 dünne Scheiben Parmaschinken
1 Handvoll Baby-Salatblätter
1–2 TL Aceto balsamico

Zubereitungszeit:
ca. 1 1/4 Stunden

1 Für das Tatar die Kartoffeln schälen, waschen und in sehr feine Würfel schneiden. Die Kartoffelwürfel in kochendem Salzwasser etwa 3 Minuten garen, abgießen, kalt abschrecken und abtropfen lassen. Den Schinken ebenfalls in feine Würfel schneiden.

2 In einer Pfanne 2 EL Olivenöl erhitzen und die Kartoffeln darin bei mittlerer Hitze etwa 5 Minuten braten. Mit Pfeffer würzen, den Schinken untermischen und kurz erwärmen. Das restliche Olivenöl, den Essig und den Schnittlauch zur Kartoffelmischung geben und mit Salz und Pfeffer abschmecken. Mithilfe eines Metallrings aus der Kartoffelmischung auf Tellern kleine Türmchen formen und nach Belieben mit Schnittlauchhalmen und Rucola garnieren.

3 Für die Schinkenpäckchen die Ziegenkäse mit Pfeffer bestreuen, oben und unten jeweils mit 1 Salbeiblatt belegen und mit 1 Scheibe Schinken umwickeln. Den Radicchio putzen und waschen, trocken tupfen und etwas zerpflücken. In einer Pfanne das Olivenöl erhitzen, die Ziegenkäsepäckchen auf jeder Seite 1 bis 2 Minuten braten und herausnehmen. Den Radicchio in die Pfanne geben und unter Rühren kurz anbraten. Mit Essig ablöschen und mit Salz und Pfeffer abschmecken. Die Ziegenkäsepäckchen mit dem Radicchio anrichten.

4 Für das Carpaccio eine beschichtete Pfanne heiß werden lassen. Den Parmesan gleichmäßig hineinstreuen. Sobald der Käse schmilzt und die Ränder goldbraun werden, den Käsefladen vorsichtig wenden und auf der anderen Seite kurz backen. Herausnehmen und auskühlen lassen. Die Pilze putzen, vorsichtig abreiben, falls nötig waschen und gut trocken tupfen. Die Steinpilze in Scheiben schneiden. In einer Pfanne 2 EL Olivenöl erhitzen, die Steinpilze darin auf beiden Seiten goldbraun braten und mit Salz und Pfeffer würzen. Die Steinpilze mit dem Schinken auf Teller verteilen. Die Salatblätter waschen und trocken schleudern. Den Essig und das restliche Olivenöl verrühren und mit Salz und Pfeffer würzen. Die Salatblätter darin wenden und auf dem Carpaccio verteilen. Den Parmesanchip in Stücke brechen und darüberstreuen.

Mein Tipp > Mithilfe von Metallringen lassen sich Vorspeisen, Desserts oder Beilagen besonders attraktiv anrichten. Sie erhalten sie im Fachhandel oder über das Internet. Alternativ können Sie Tassen oder Schalen mit geraden Seiten verwenden, die Sie vorher mit Frischhaltefolie auslegen, damit Sie den Inhalt gut stürzen können.

Ciabatta
mit Schinken-Käse-Füllung

1

2

Zubereitungszeit:
ca. 1 1/4 Stunden
Ruhezeit: ca. 1 Stunde

Zutaten für 1 großes Brot
Für den Hefeteig:
1/2 Würfel Hefe (21 g) · Zucker · 300 g Mehl (Type 550)
150 g feiner Hartweizengrieß · Meersalz · 5 EL Weißwein
2 EL Olivenöl · 2 TL Thymianblättchen
Für die Füllung:
125 g Mozzarella · 100 g Scamorza (ital. Schnittkäse; siehe Tipp)
je 80 g roher und gekochter Parmaschinken (oder anderer gekochter Schinken) · Pfeffer aus der Mühle
Außerdem:
Mehl für die Arbeitsfläche · 2–3 EL Olivenöl

1 Für den Hefeteig (siehe auch S. 173) die Hefe in eine Tasse bröckeln und mit 50 ml lauwarmem Wasser und 1 Prise Zucker verrühren. Den Hefeansatz zugedeckt etwa 10 Minuten gehen lassen. In einer Rührschüssel das Mehl, den Grieß und 1 TL Salz mischen. Den Hefeansatz, den Wein, das Olivenöl und 150 ml warmes Wasser hinzufügen und alles mit den Knethaken des Handrührgeräts (oder in der Küchenmaschine) zu einem glatten Teig verkneten, der sich vom Schüsselrand löst. Sollte der Teig zu fest sein, noch etwas Wasser hinzufügen. Zum Schluss den Thymian unterkneten. Den Hefeteig zugedeckt an einem warmen Ort 30 bis 45 Minuten gehen lassen, bis sich sein Volumen verdoppelt hat.

2 Für die Füllung die beiden Käsesorten in kleine Würfel schneiden. Den Teig auf der bemehlten Arbeitsfläche kurz durchkneten und mit dem Nudelholz zu einem Rechteck von etwa 30 x 40 cm ausrollen. Den Teig mit den beiden Schinkensorten belegen (siehe Step 1), den Käse darüber verteilen und mit Pfeffer würzen. Die kurzen Seiten über der Füllung etwas nach innen schlagen, dann den Teig von einer Längsseite her aufrollen (siehe Step 2).

3 Die Rolle mit der Nahtstelle nach unten auf ein mit Backpapier belegtes Backblech geben und zugedeckt weitere 20 Minuten gehen lassen. Den Backofen auf 200 °C vorheizen. Die Rolle mit Olivenöl bestreichen und im Ofen auf der mittleren Schiene 30 bis 40 Minuten backen. Das Brot lauwarm abkühlen lassen, in Scheiben schneiden und nach Belieben zu einem Glas Wein servieren.

Mein Tipp > Scamorza ist ein schnittfester Käse, der wie Mozzarella zu den Filata-Käsen gehört. Er hat eine dunkelgelbe Rinde und ist innen cremig weiß. Seine unverwechselbare würzige Note erhält er durch das Räuchern über Buchenholz.

Scaloppine
auf Pfifferling-Spinat-Gemüse mit Zitronenbröseln

Zutaten für 4 Personen

Für das Gemüse:
500 g junger Blattspinat
300 g Pfifferlinge
1 Schalotte
1 Knoblauchzehe
3 EL Olivenöl
Meersalz
Pfeffer aus der Mühle

Für die Zitronenbrösel:
2 Scheiben Toastbrot
20 g Walnusskerne
1/2 Bund Petersilie
1 unbehandelte Zitrone
2 EL Olivenöl
3 EL Butter

Für die Scaloppine:
4 dünne Schweineschnitzel (à ca. 150 g)
Meersalz
2 EL Olivenöl
Fleur de Sel
Pfeffer aus der Mühle

Zubereitungszeit: ca. 50 Minuten

1 Für das Gemüse den Spinat verlesen, waschen und trocken schleudern. Die Pfifferlinge putzen und vorsichtig abreiben, falls nötig waschen und gut trocken tupfen. Die Schalotte und den Knoblauch schälen und in feine Würfel schneiden.

2 Für die Zitronenbrösel vom Toastbrot die Rinde entfernen und das Brot im Blitzhacker fein zerkleinern. Die Walnüsse fein hacken. Die Petersilie waschen und trocken schütteln, die Blätter abzupfen und fein schneiden. Die Zitrone heiß abwaschen, trocken reiben und die Schale fein abreiben. Die weiße Haut der Zitrone abschneiden, die Fruchtfilets mit einem scharfen Messer aus den Trennhäuten schneiden und für das Gemüse beiseitestellen. Das Olivenöl und die Butter in einer Pfanne erhitzen, die Brotbrösel und Walnüsse darin unter Rühren goldbraun braten. Die Petersilie und die Zitronenschale untermischen und die Pfanne vom Herd nehmen.

3 Für die Scaloppine die Schnitzel mit Küchenpapier trocken tupfen und nach Belieben zwischen zwei Lagen Frischhaltefolie etwas dünner klopfen. Das Fleisch auf beiden Seiten leicht mit Salz würzen. Das Olivenöl in einer Pfanne erhitzen und die Schnitzel darin auf jeder Seite 3 bis 4 Minuten braten.

4 Für das Gemüse 2 EL Olivenöl in einer zweiten Pfanne erhitzen und die Pfifferlinge darin bei starker Hitze 3 bis 4 Minuten anbraten. Die Schalotte und den Knoblauch hinzufügen und kurz mitbraten. Mit Salz und Pfeffer würzen. Den Spinat unterheben und zusammenfallen lassen. Nochmals mit Salz und Pfeffer abschmecken. Die Zitronenfilets nach Belieben etwas kleiner schneiden und unter das Gemüse mischen.

5 Die Scaloppine auf dem Pfifferling-Spinat-Gemüse anrichten, mit Fleur de Sel und Pfeffer würzen und mit den Zitronenbröseln bestreuen.

Mein Tipp > Außerhalb der Pfifferlingsaison können Sie das Spinatgemüse mit braunen Champignons oder Kräuterseitlingen zubereiten. Ich reibe Zuchtpilze einfach mit etwas (angefeuchtetem) Küchenpapier ab. Grundsätzlich wasche ich Pilze nur, wenn es unbedingt nötig ist, weil sie sich schnell mit Wasser vollsaugen.

Involtini
auf Fenchel-Spitzkohl-Gemüse

Zutaten für 4 Personen
1 EL Fenchelsamen
2 Zimtblüten
(oder 1 Msp. Zimtpulver)
1/2 TL ganzer Kümmel
1/2 TL Korianderkörner
2 Fenchelknollen (ca. 500 g; mit Grün)
300 g Spitzkohl
4 dünne Scheiben Pancetta
(oder durchwachsener Speck)
2 Stiele Majoran
4 dünne Schweineschnitzel
(à ca. 150 g)
Meersalz
Pfeffer aus der Mühle
2 Schalotten
1 Knoblauchzehe
3 EL Olivenöl
50 ml Wermut (z. B. Noilly Prat)
100 ml Weißwein
200 ml Geflügelfond
(aus dem Glas)
2 EL Butter
1 TL Zucker

Zubereitungszeit:
ca. 1 Stunde

1 Sämtliche Gewürze in den Mörser geben und fein zerstoßen. Die Fenchelknollen putzen, waschen, halbieren und den Strunk entfernen. Das Grün beiseitelegen und die Fenchelhälften längs in dünne Spalten schneiden. Den Spitzkohl putzen, die Blätter ablösen, waschen und abtropfen lassen. Die Blätter in Rauten schneiden, dabei die dicken Blattrippen entfernen. Den Pancetta in Streifen schneiden. Den Majoran waschen und trocken schütteln, die Blätter abzupfen und fein schneiden.

2 Die Schweineschnitzel mit Küchenpapier trocken tupfen, jeweils zwischen zwei Lagen Frischhaltefolie legen und etwas dünner klopfen. Das Fleisch auf beiden Seiten mit Salz, Pfeffer und etwas Gewürzmischung bestreuen. Die Pancettastreifen und den Majoran auf einer Seite verteilen. Die Schnitzel von einer Schmalseite her aufrollen und mit Rouladennadeln oder kleinen Holzspießen feststecken (siehe S. 117).

3 Die Schalotten und den Knoblauch schälen und in feine Würfel schneiden. In einem Schmortopf 2 EL Olivenöl erhitzen und die Rouladen (Involtini) darin rundum anbraten. Herausnehmen und das restliche Olivenöl in den Topf geben. Die Schalotten, den Knoblauch und den Fenchel hinzufügen, mit der restlichen Gewürzmischung bestreuen und einige Minuten andünsten. Den Wermut und den Wein dazugießen und bei starker Hitze fast vollständig einkochen lassen. Den Fond angießen und aufkochen. Die Involtini wieder in den Topf legen und zugedeckt bei schwacher Hitze etwa 10 Minuten garen.

4 Die Butter in einer Pfanne erhitzen und den Spitzkohl darin 3 bis 4 Minuten andünsten. Mit Zucker bestreuen und kurz karamellisieren. Den Spitzkohl mit Salz und Pfeffer würzen und zu den Involtini geben. Zugedeckt weitere 10 Minuten garen. Die Involtini herausnehmen und das Gemüse mit Salz und Pfeffer abschmecken. Die Involtini schräg halbieren oder in Scheiben schneiden, mit dem Gemüse anrichten und mit dem Fenchelgrün garnieren. Dazu passt Weißbrot.

Mein Tipp > Die Samen des Süßfenchels haben ein intensiv süßlich würziges Aroma, das hervorragend zu Schweinefleisch passt. In Italien würzt man damit Spezialitäten wie Porchetta, Salsiccia und Salami. Ich kombiniere Fenchel gerne mit anderen intensiven Gewürzen wie Koriander, Pfeffer, Zimt, Anis und Kümmel. Die hellgrünen Samen sind jedoch nicht nur Aromapakete, sondern auch noch sehr gesund: Sie unterstützen die Verdauung, wirken krampflösend, entzündungshemmend und antibakteriell.

Schweinekoteletts
mit Apfel-Speck-Kartoffeln

Zutaten für 4 Personen
800 g vorwiegend festkochende Kartoffeln
Meersalz
2 Zweige Rosmarin
1/2 Bund Thymian
100 g Pancetta (siehe Tipp; oder milder Speck, in 2–3 mm dicken Scheiben)
2 Knoblauchzehen
2 säuerliche mürbe Äpfel (ca. 400 g; z.B. Boskop)
4 Schweinekoteletts (à ca. 300 g; z.B. vom Havelländer Apfelschwein)
1–2 EL grober Dijonsenf
4 EL Olivenöl
Pfeffer aus der Mühle
150 ml Weißwein (oder Cidre)
Fleur de Sel

Zubereitungszeit: ca. 1 Stunde

1 Die Kartoffeln schälen, waschen und in Würfel schneiden. Die Kartoffeln in kochendem Salzwasser etwa 15 Minuten garen. Inzwischen die Kräuter waschen und trocken schütteln. Den Pancetta in Streifen schneiden. Den Knoblauch schälen und leicht andrücken. Die Äpfel vierteln, schälen und die Kerngehäuse entfernen. Das Fruchtfleisch in Würfel schneiden. Die Kartoffeln abgießen, wieder in den Topf geben und etwas ausdampfen lassen.

2 Den Backofen mit einer ofenfesten Form darin auf 140 °C vorheizen. Die Koteletts waschen, mit Küchenpapier trocken tupfen und den Fettrand mehrmals einschneiden. Die Koteletts leicht mit Salz würzen und auf beiden Seiten dünn mit Senf bestreichen.

3 In einer Pfanne 2 EL Olivenöl erhitzen und die Koteletts darin auf jeder Seite etwa 3 Minuten anbraten. In die ofenfeste Form legen und mit etwas Pfeffer würzen. Den Knoblauch, den Rosmarin und den Thymian darum herum verteilen. Die Koteletts im Ofen auf der mittleren Schiene 15 bis 20 Minuten gar ziehen lassen.

4 In einer zweiten Pfanne das restliche Olivenöl erhitzen, die Pancettastreifen darin knusprig braten und herausnehmen. Die Kartoffelwürfel ins Bratfett geben und goldbraun anbraten. Die Apfelwürfel dazugeben und kurz mitbraten. Den Wein hinzufügen und einkochen lassen. Wenn die Kartoffeln leicht zerfallen, alles mit dem Kartoffelstampfer grob zerdrücken. Den Pancetta wieder dazugeben und die Apfel-Speck-Kartoffeln mit Fleur de Sel und Pfeffer abschmecken. Nach Belieben noch etwas Olivenöl untermischen.

5 Die Koteletts aus dem Ofen nehmen, mit Fleur de Sel und Pfeffer würzen und mit den Apfel-Speck-Kartoffeln anrichten.

Mein Tipp > Pancetta ist ein luftgetrockneter Bauchspeck, der in Italien auch für Spaghetti Carbonara verwendet wird. Je nach Region wird er mit verschiedenen mediterranen Kräutern gewürzt. Weil Pancetta im Gegensatz zum deutschen Bauchspeck meist nicht oder nur wenig geräuchert wird, schmeckt er mild. Der gerollte Pancetta ist in der Regel weniger fett.

Wirsingwickel
mit Salsiccia und weißen Bohnen

Zutaten für 4 Personen
Für die Wirsingwickel:
8 große Wirsingblätter
Meersalz
1 Schalotte
1 Knoblauchzehe
200 g Cannellini-Bohnen (aus der Dose; Abtropfgewicht)
2 EL Olivenöl
100 ml Weißwein
Pfeffer aus der Mühle
400 g Tomaten
Für die Füllung:
1 Brötchen (vom Vortag)
150 ml Milch
1 Zwiebel
2 EL Olivenöl
8–10 Salbeiblätter
1/2 TL Fenchelsamen
250 g Salsiccia (ital. grobe rohe Bratwurst)
250 g Schweinehackfleisch
1 Ei
Pfeffer aus der Mühle
Meersalz

Zubereitungszeit:
ca. 1 1/4 Stunden

1 Für die Wirsingwickel die Wirsingblätter in kochendem Salzwasser 1 bis 2 Minuten sprudelnd kochen lassen. Mit dem Schaumlöffel herausheben, eiskalt abschrecken und auf einem Küchentuch abtropfen lassen.

2 Für die Füllung von dem Brötchen die Rinde entfernen. Das Brötchen in kleine Würfel schneiden und in der Milch einweichen. Die Zwiebel schälen und in feine Würfel schneiden. Das Olivenöl in einer Pfanne erhitzen und die Zwiebel darin glasig dünsten. 3 bis 4 Salbeiblätter in feine Streifen schneiden. Die Fenchelsamen im Mörser grob zerstoßen. Die Salsiccia aus der Pelle drücken (siehe S. 137) und mit dem Hackfleisch, dem Ei, dem ausgedrückten Brötchen, der Zwiebel, dem fein geschnittenen Salbei, dem Fenchel und etwas Pfeffer in eine Schüssel geben und verkneten. Mit Salz würzen.

3 Die Wirsingblätter auf die Arbeitsfläche legen, trocken tupfen und dicke Blattrippen flach schneiden. Die Hackfleischmasse auf den Blättern verteilen. Die Seiten über der Füllung etwas einschlagen und die Blätter aufrollen. Die Wirsingwickel mit Küchengarn zubinden (siehe S. 117).

4 Den Backofen auf 180 °C vorheizen. Die Schalotte und den Knoblauch schälen und in feine Würfel schneiden. Die Bohnen in ein Sieb abgießen, abbrausen und abtropfen lassen. Das Olivenöl in einer Pfanne erhitzen und die Wirsingwickel darin rundum kurz anbraten. Herausnehmen und die Schalotten, den Knoblauch und die restlichen Salbeiblätter im Bratfett andünsten. Den Wein angießen und etwas einkochen lassen. Die Bohnen untermischen, alles mit Salz und Pfeffer würzen und in einer ofenfesten Form verteilen. Die Wirsingwickel darauflegen. Die Form mit Alufolie verschließen und die Wirsingwickel im Ofen auf der mittleren Schiene etwa 30 Minuten garen.

5 Die Stielansätze der Tomaten herausschneiden. Die Tomaten kurz in kochendes Wasser geben, herausheben, kalt abschrecken und häuten. Die Tomaten vierteln, entkernen und in kleine Würfel schneiden. Die Tomaten 10 Minuten vor Ende der Garzeit unter die Bohnen mischen. Dann die Wirsingwickel herausnehmen und das Bohnen-Tomaten-Gemüse mit Salz und Pfeffer abschmecken. Die Wirsingwickel mit dem Gemüse anrichten. Dazu passt kräftiges Landbrot.

Mein Tipp > Gemüse behält seine leuchtende Farbe, wenn es nach dem Kochen in Eiswasser abgeschreckt wird. Besonders praktisch dafür sind gefrorene Eiswürfelbeutel, die man einfach in eine Schüssel mit Wasser legt. Nach der Verwendung kann man sie erneut einfrieren.

Schweinebauch
mit Ciabattafüllung

Zutaten für 4–6 Personen
1 1/2 kg Schweinebauch (mit Schwarte, ohne Knochen; vom Metzger eine Tasche einschneiden lassen)
Meersalz
2 Lorbeerblätter
1 TL schwarze Pfefferkörner
150 g Ciabatta (vom Vortag)
100 ml Milch
1 Schalotte
3 Knoblauchzehen
3 EL Olivenöl
1/2 TL getrockneter Oregano
ca. 60 g schwarze Oliven (entsteint; z.B. Taggiasca-Oliven)
ca. 60 g getrocknete Tomaten (in Öl eingelegt)
2 Eier
Pfeffer aus der Mühle
100 ml Weißwein
400 ml Kalbsfond (aus dem Glas)

Zubereitungszeit: ca. 2 1/4 Stunden

1 Die Schwarte des Schweinebauchs gleichmäßig parallel im Abstand von etwa 1 cm einschneiden (siehe Tipp). In einem weiten Topf reichlich Salzwasser mit den Lorbeerblättern und den Pfefferkörnern aufkochen. Den Schweinebauch hi-neingeben und bei sehr schwacher Hitze etwa 30 Minuten ziehen lassen.

2 Inzwischen das Ciabatta in kleine Würfel schneiden und in eine Schüssel geben. Die Milch erhitzen und darüberträufeln. Die Schalotte und 1 Knoblauchzehe schälen und in feine Würfel schneiden. In einer Pfanne 1 EL Olivenöl erhitzen, Schalotte und Knoblauch darin andünsten. Den Oregano dazugeben und kurz mitdünsten. Die Schalottenmischung etwas abkühlen lassen. Die Oliven und die abgetropften Tomaten in sehr kleine Würfel schneiden. Die Eier verquirlen und mit der Schalottenmischung, Oliven und Tomaten zum Brot geben. Alles gründlich mischen und die Ciabattamasse mit Salz und Pfeffer würzen.

3 Das Fleisch aus dem Sud nehmen, innen und außen gut trocken tupfen und mit der Ciabattamasse füllen. Die Öffnung mit Küchengarn zunähen. Den restlichen Knoblauch schälen. In einem Bräter das übrige Olivenöl erhitzen. Den Schweinebauch rundum salzen, mit den Knoblauchzehen in den Bräter geben und zuerst auf der Schwartenseite, dann auf der Fleischseite anbraten.

4 Den Backofen auf 180 °C vorheizen. Das Fleisch aus dem Bräter nehmen. Den Bratensatz mit dem Wein ablöschen und etwas einkochen lassen. Die Hälfte des Fonds dazugießen und aufkochen. Den Bräter auf den Boden des Backofens stellen, den Schweinebauch auf das Ofengitter legen und über den Bräter auf die zweite Schiene von unten schieben. Das Fleisch 1 1/2 bis 2 Stunden knusprig braten. Während der Bratzeit nach und nach den restlichen Fond in den Bräter gießen und das Fleisch ab und zu mit Bratfond begießen.

5 Den gefüllten Schweinebauch herausnehmen und etwa 10 Minuten ruhen lassen. Den Bratfond durch ein Sieb in einen Topf gießen, etwas einkochen lassen und nach Belieben mit etwas Speisestärke binden. Den Schweinebauch in Scheiben schneiden und mit der Sauce anrichten. Dazu passt grüner Salat.

Mein Tipp > Zum gleichmäßigen Einritzen der dicken Schwarte eines Schweinebratens verwende ich meist ein Cutter- oder Teppichmesser mit scharfer Klinge. Sie bekommen beides im Schreibwarenhandel oder im Baumarkt.

Wildschweingulasch
mit Rotwein und Schalotten

Zutaten für 4 Personen
1 kg Wildschweingulasch (aus der Hüfte oder Schulter)
1 Zwiebel
2 Möhren
1/2 Bund Thymian
2 Gewürznelken
1/2 Zimtstange
1 Lorbeerblatt
je 1 EL Pimentkörner und Wacholderbeeren
1 TL schwarze Pfefferkörner
1/2 l trockener Rotwein
200 ml roter Portwein
4 EL Olivenöl
1 Speckschwarte
Meersalz
Pfeffer aus der Mühle
1 EL Tomatenmark
2 EL Cognac
1 EL Mehl
250 g Schalotten
2–3 EL Johannisbeergelee

Zubereitungszeit: ca. 2 Stunden
Marinierzeit: ca. 2 Tage

1 Zwei Tage vorher das Fleisch in eine Schüssel geben. Die Zwiebel schälen, die Möhren putzen und schälen. Beides in Würfel schneiden und zum Fleisch geben. Den Thymian waschen, trocken schütteln, mit Küchengarn zusammenbinden und dazugeben. Die Gewürze in einen Einwegteebeutel geben, verschließen und hinzufügen. Den Wein und den Portwein angießen und das Gulaschfleisch zugedeckt im Kühlschrank 2 Tage marinieren. Zwischendurch wenden.

2 Am Tag der Zubereitung das Fleisch aus der Marinade nehmen und mit Küchenpapier trocken tupfen. Das Gemüse durch ein Sieb gießen und die Marinade auffangen. Das Gewürzsäckchen und den Thymian herausnehmen und den Thymian beiseitelegen.

3 Das Olivenöl in einem Schmortopf erhitzen und das Fleisch darin rundum kräftig anbraten, dabei die Speckschwarte mitbraten. Mit Salz und Pfeffer würzen und das Feisch herausnehmen. Das Gemüse im Bratfett unter Rühren anbraten. Das Tomatenmark unterrühren und kurz mitbraten. Mit Cognac aböschen, das Fleisch wieder dazugeben und mit dem Mehl bestäuben. So viel Marinade dazugießen, dass das Fleisch knapp mit Flüssigkeit bedeckt ist. Den Thymian wieder hinzufügen und das Gulasch bei schwacher Hitze etwa 30 Minuten köcheln lassen.

4 Die Schalotten schälen und unter das Gulasch mischen. Etwa 30 Minuten weitergaren, dabei, falls nötig, noch etwas Marinade angießen. Dann das Gelee unterrühren und das Gulasch mit Salz und Pfeffer und nach Belieben mit etwas Aceto balsamico abschmecken. Dazu passen (hausgemachte) Spätzle und gebratene Steinpilze.

Mein Tipp > Wildgerichte vertragen eine kräftige süße Note. Außer mit den klassischen Wildpreiselbeeren schmecke ich Wildsaucen auch gerne – wie hier – mit Johannisbeergelee oder mit Pflaumenmus ab.

LAMM

Wenn ich Lammfleisch esse, schmecke ich den Süden. In den kargen und heißen Landstrichen Italiens, Spaniens, Griechenlands oder Nordafrikas weiden traditionell mehr Schafherden als Kühe, hier werden die berühmten Schafsmilchkäse gemacht, und hier sind die Kräuter zu Hause, die perfekt zu Lammfleisch passen wie Thymian und Rosmarin. Meine Rezepte sind deshalb auch ein Streifzug durch die mediterrane Küche. Ich kombiniere Lamm ganz klassisch mit Bohnen, serviere es auf arabische Art, mariniere und grille es mit orientalischen Gewürzen, schichte es zwischen Lasagneblätter, schmore es mit Oliven und fülle es mit Kräutern und Tomaten.

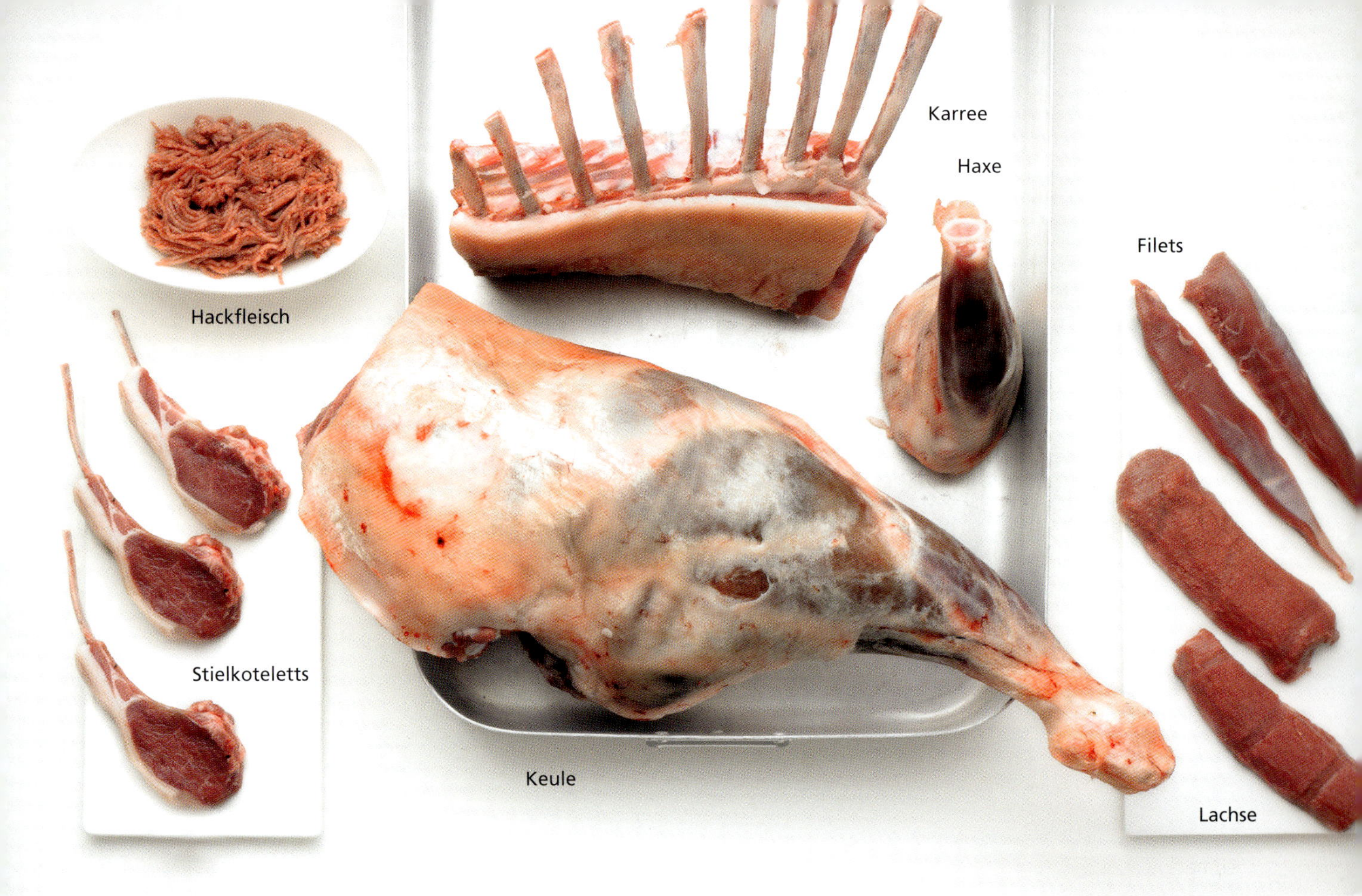

Lammfleisch – je jünger, desto zarter

Lammfleisch nennt man das Fleisch von Tieren, die jünger als ein Jahr sind. Ist das Lamm noch keine sechs Monate alt, heißt es Milchlamm. Schaf- und Hammelfleisch stammen von Tieren, die älter sind als ein Jahr. Je jünger das Lamm, desto feinfaseriger, zarter und dezenter im Geschmack ist das Fleisch. Es hat eine hellrote Farbe, das Fett ist fast weiß. Fleisch von älteren Tieren ist dunkelrot, das Fett von Schaffleisch kann eine gelbliche Färbung aufweisen.

Überall zu Hause und ganz schön anspruchslos

Schafe sind genügsame und robuste Tiere, die sich hervorragend an das Klima und die Vegetation ihres Lebensraums anpassen können. Sie geben sich auch mit Böden zufrieden, auf denen Kühe kein Gras mehr finden. In Europa findet man sie vorwiegend im Mittelmeerraum sowie an den Nordseeküsten und in kargen Moor- und Heidegebieten. Die Besonderheiten der Landschaften spiegeln sich im Geschmack des Fleischs wider. Ein Salzwiesenlamm aus Nordfrankreich oder ein Deichlamm aus Nordfriesland schmeckt bereits leicht salzig. Ein Lamm, das sich von den wilden Kräutern und Gräsern des Mittelmeers ernährt hat, weist einen feinwürzigen Geschmack auf.

Die Beliebtheit wächst

Traditionell essen wir Deutschen Lammfleisch eher selten. Die artgerechte Haltung der Tiere, die gute Qualität des Fleischs und das steigende Angebot von Lammfleisch in den Supermärkten haben aber dazu geführt, dass auch hierzulande Lamm häufiger auf den Tisch kommt. Besonders beliebt: der Lammrücken, aus dem man die schmalen Filets und die breiteren Lachse gewinnt, die beide ideal zum Kurzbraten sind. Aus dem Rücken schneidet man aber auch die durchwachsenen Stiel- und Doppelkoteletts, deren Fettrand auf dem Grill und in der Pfanne so schön knusprig wird (siehe rechts). Die Keule liefert, mit oder ohne Knochen gegart, einen prächtigen Braten für viele Esser oder ein herzhaftes Gulasch. Die Lammschulter und die Lammhaxen eignen sich besonders für Ragouts und zum Schmoren im Ganzen.

Lammkeule vorbereiten und braten

Eine ganze Lammkeule, bei 160 °C im Ofen gebraten, ist ein unkompliziertes Essen für Gäste. Und sie ist nicht schwer zuzubereiten. Hier die wichtigsten Tipps:

Die Sehnen und die dicken Fettstellen mit einem scharfen Messer abschneiden.

Die Keule salzen und in einem Bräter in heißem Olivenöl rundum kräftig anbraten.

Die Gewürzzutaten (siehe unten) hinzufügen und die Keule je nach Größe 1 bis 2 Stunden braten.

Lammkoteletts grillen

Vom Grill oder aus der Grillpfanne schmecken Lammkoteletts besonders gut. So bleiben sie saftig und der Fettrand wird schön knusprig:

Den Fettrand nicht entfernen, sondern in gleichmäßigen Abständen mehrmals tief einschneiden.

Die Lammkoteletts mehrere Stunden in Olivenöl mit Gewürzen und Kräutern (siehe unten) marinieren.

Die Koteletts bei starker Hitze von beiden Seiten grillen oder in einer Grillpfanne braten. Erst jetzt salzen.

Das Beste zum Lamm

Zum Lammfleisch passt alles, was aus dem Süden kommt, wie Rosmarin, Oregano, Thymian und Salbei, Knoblauch, Artischocken, Tomaten, Auberginen, Fenchel und Zucchini. Im Norden wird Lamm traditionell mit Kartoffeln, Bohnen, Petersilie und Bohnenkraut oder – wie im Irish Stew – mit Kohl, Zwiebeln und Kartoffeln zubereitet. In der arabischen Küche, in Griechenland und der Türkei gibt es viel Lammhackfleisch, das fast immer mit einem Hauch Zimt gewürzt wird. Die Lamm-Currys der indischen Küche enthalten eine ganze Gewürzpalette: Kreuzkümmel, Koriander, Kardamom, Nelke, Kurkuma, Anis u.a.

Lamm von weit her

Größter Exporteur von Lammfleisch ist Neuseeland. An die 35 Millionen Schafe grasen auf den riesigen Weidegebieten der Insel, wo für die Tiere ideale Lebensbedingungen herrschen. Ob man das weit gereiste und preiswerte Fleisch bevorzugt oder lieber auf Lamm heimischer Züchter zurückgreift, ist eine Frage von Geldbeutel und Weltanschauung. Damit Sie an dem tiefgekühlten Fleisch Ihre Freude haben, sollten Sie es etwa einen Tag vor der Zubereitung aus der Verpackung nehmen, in eine Schale geben, mit Frischhaltefolie abdecken und langsam und schonend im Kühlschrank auftauen lassen.

Am Stück gebratene Lammkoteletts
mit Bohnenpüree und Bohnensalsa

Zutaten für 4 Personen

Für das Bohnenpüree:

250 g getrocknete weiße Bohnen (z. B. Cannellini-Bohnen)
2 Schalotten
1 Knoblauchzehe
1 Zweig Rosmarin
1 Stiel Salbei
4 EL Olivenöl
1/2 l Hühnerbrühe
Fleur de Sel

Für die Lammkoteletts:

ca. 1,2 kg Lammkarree (Lammrückenstück mit freigelegten Rippenknochen)
4 Knoblauchzehen
2 EL Öl
Meersalz
Pfeffer aus der Mühle
2 EL Olivenöl
1/2 Bund Bohnenkraut

Für die Bohnensalsa:

250 g grüne Bohnen · Meersalz
jeweils 3–4 Stiele Bohnenkraut, Petersilie und Basilikum
40 g getrocknete Tomaten (in Öl eingelegt)
100 ml Olivenöl
1 TL abgeriebene unbehandelte Zitronenschale
1 Knoblauchzehe
Fleur de Sel
Pfeffer aus der Mühle
1–2 TL Zitronensaft

Zubereitungszeit: ca. 1 1/2 Stunden
Einweichzeit: 1 Tag

1 Am Vortag für das Bohnenpüree die weißen Bohnen in reichlich kaltem Wasser einweichen und quellen lassen. Am nächsten Tag die Bohnen in ein Sieb abgießen und abtropfen lassen. Die Schalotten und den Knoblauch schälen und in feine Würfel schneiden. Die Kräuter waschen und trocken schütteln. In einem Topf 2 EL Olivenöl erhitzen, die Schalotten und den Knoblauch darin andünsten. Die Bohnen, die Brühe und die Kräuter dazugeben und zugedeckt alles etwa 1 Stunde kochen, bis die Bohnen weich sind. Falls nötig, noch etwas Wasser hinzufügen.

2 Inzwischen für die Lammkoteletts den Backofen auf 140 °C vorheizen. Das Karree waschen, mit Küchenpapier trocken tupfen und den Fettrand mehrmals einritzen. Den Knoblauch schälen und leicht andrücken. Das Öl in einem Bräter oder einer ofenfesten Pfanne erhitzen. Das Karree leicht mit Salz würzen und rundum bei starker Hitze anbraten. Vom Herd nehmen und den Bräter mit Küchenpapier austupfen. Das Karree mit Pfeffer würzen und wieder in den Bräter legen. Mit dem Olivenöl beträufeln, das Bohnenkraut und den Knoblauch danebenlegen und das Fleisch im Ofen auf der mittleren Schiene etwa 30 Minuten garen.

3 Für die Bohnensalsa die grünen Bohnen putzen, waschen und schräg in feine Streifen schneiden. In kochendem Salzwasser etwa 5 Minuten bissfest garen. Die Kräuter waschen und trocken schütteln, die Blätter abzupfen und fein schneiden. Die Tomaten abtropfen lassen und in feine Würfel schneiden. Die Kräuter, die Tomaten, das Olivenöl und die Zitronenschale verrühren. Den Knoblauch schälen und im Ganzen dazugeben. Mit Fleur de Sel und Pfeffer würzen. Die grünen Bohnen abgießen, abtropfen lassen und heiß mit dem Kräuter-Tomaten-Öl vermischen. Mit Fleur de Sel, Pfeffer und Zitronensaft abschmecken.

4 Das Lammkarree aus dem Ofen nehmen,10 Minuten ruhen lassen. Die weißen Bohnen in ein Sieb abgießen, dabei die Garflüssigkeit auffangen. Die Kräuter entfernen. Die Bohnen und so viel Flüssigkeit mit dem Stabmixer pürieren, dass ein cremiges Püree entsteht. Mit Fleur de Sel würzen und das restliche Olivenöl unterrühren. Das Karree in einzelne Koteletts schneiden, mit dem Bohnenpüree und der Bohnensalsa anrichten und mit Fleur de Sel bestreuen.

Geschmorte Lammhaxen
mit Auberginen und Tomaten

1

2

Zubereitungszeit:
ca. 1 3/4 Stunden

Zutaten für 4 Personen
2 Auberginen (ca. 600 g) · Meersalz
2 Schalotten · 1 junge Knoblauchknolle · 1/2 Bund Thymian
4 Lammhaxen (à ca. 400 g) · ca. 100 ml Olivenöl
Pfeffer aus der Mühle · 200 ml Weißwein · 400 g Tomaten
2 Zweige Rosmarin · 1 Scheibe Toastbrot · ca. 30 g geriebener Parmesan

1 Die Auberginen putzen, waschen und in etwa 1 cm dicke Scheiben schneiden. Die Scheiben salzen und in ein Sieb geben, mit einer passenden Schüssel beschweren und etwa 30 Minuten ziehen lassen.

2 Die Schalotten schälen und in Spalten schneiden, den Knoblauch quer in Scheiben schneiden. Von 3 bis 4 Thymianzweigen die Blätter abzupfen. Die Lammhaxen waschen, mit Küchenpapier trocken tupfen und leicht mit Salz würzen. In einer Pfanne 3 EL Olivenöl erhitzen und die Lammhaxen darin rundum 5 bis 10 Minuten anbraten. Die Schalotten, den Knoblauch und die Thymianblätter dazugeben und kurz mitbraten. Mit Pfeffer würzen, den Wein angießen und etwas einkochen lassen. Die Pfanne beiseitestellen.

3 Den Backofen auf 180 °C vorheizen. Die Auberginen trocken tupfen. In einer zweiten Pfanne das restliche Olivenöl portionsweise erhitzen und die Auberginenscheiben darin nach und nach auf beiden Seiten goldbraun anbraten (siehe Step 1). Herausnehmen und auf Küchenpapier abtropfen lassen. Die Tomaten waschen und in Scheiben schneiden, dabei die Stielansätze entfernen.

4 Die Auberginen abwechselnd mit den Tomaten in einen Bräter schichten (siehe Step 2). Dabei jede Schicht mit Salz und Pfeffer würzen. Die Lammhaxen mit den Schalotten darauf verteilen. Die restlichen Thymianzweige und den Rosmarin waschen, trocken schütteln und darauf verteilen. Die Lammhaxen im Ofen auf der zweiten Schiene von unten zugedeckt etwa 1 Stunde schmoren.

5 Die Rinde des Toastbrots entfernen und das Toastbrot im Blitzhacker fein zerkleinern. Die Brösel mit dem Parmesan mischen. Die Lammhaxen aus dem Bräter nehmen und etwas ruhen lassen. Das Auberginen-Tomaten-Gemüse mit der Parmesanmischung bestreuen. Den Backofengrill einschalten und das Gemüse im Ofen auf der mittleren Schiene goldbraun überbacken. Die Lammhaxen mit dem Gemüse anrichten und nach Belieben mit Weißbrot servieren.

Mein Tipp > Auberginen salze ich vor dem Braten immer ein – das entzieht ihnen die Bitterstoffe und verhindert, dass sie sich später mit Öl vollsaugen.

Lammragout
mit Oliven und Bohnenkraut

Zutaten für 4 Personen
800 g Lammfleisch (aus Schulter oder Keule)
2 Möhren · 4 Schalotten
4 Stangen Staudensellerie
2 Knoblauchzehen · 3 EL Olivenöl
Meersalz · Pfeffer aus der Mühle
1 EL Tomatenmark
5 Stiele Bohnenkraut
3 EL schwarze Oliven (entsteint)
100 ml Weißwein · 50 ml weißer Portwein · 400 ml Lamm- oder Geflügelfond (aus dem Glas)

Zubereitungszeit: ca. 2 Stunden

1 Das Lammfleisch trocken tupfen und in große Würfel schneiden. Das Gemüse putzen, schälen bzw. waschen und in kleine Würfel schneiden.

2 Das Olivenöl in einem Bräter erhitzen. Das Lammfleisch leicht mit Salz würzen und rundum darin anbraten. Mit Pfeffer würzen und herausnehmen. Das Gemüse im Bratfett unter Rühren anbraten und mit Salz und Pfeffer würzen. Das Tomatenmark dazugeben und kurz mitbraten. Das Bohnenkraut waschen, trocken schütteln und mit 2 EL Oliven zum Gemüse geben. Mit dem Wein und dem Portwein ablöschen, auf die Hälfte einkochen lassen, dann den Fond angießen.

3 Das Lammfleisch wieder in den Bräter geben, aufkochen lassen und zugedeckt bei schwacher Hitze etwa 1 1/2 Stunden schmoren. Das Bohnenkraut herausnehmen, die restlichen Oliven in die Sauce geben und das Lammragout abschmecken. Nach Belieben mit etwas Speisestärke binden und mit Gnocchi oder Weißbrot servieren.

Gegrillte Lammspieße
mit Möhren-Fenchel-Salat

Zutaten für 4 Personen
4 Lammrückenfilets
je 1 TL Kreuzkümmelsamen und Korianderkörner
1/2 TL Cayennepfeffer
100 ml Olivenöl · 2 Knoblauchzehen
300 g Möhren · 1 Fenchelknolle
1 Orange
2 TL Harissa (arab. Gewürzpaste)
ca. 2 EL Zitronensaft · 1/2 TL Honig
Meersalz
je 4 Stiele Koriander und Petersilie
Pfeffer aus der Mühle

Zubereitungszeit: ca. 45 Minuten
Marinierzeit: mind. 2 Stunden

1 Das Lammfleisch mit Küchenpapier trocken tupfen und in große Würfel schneiden. Den Kreuzkümmel und den Koriander im Mörser zerstoßen. Die Mischung mit dem Cayennepfeffer und 6 EL Olivenöl verrühren. Den Knoblauch schälen, in Scheiben schneiden und zum Gewürzöl geben. Das Fleisch mit dem Gewürzöl mischen und zugedeckt mindestens 2 Stunden marinieren.

2 Die Möhren putzen, schälen und in hauchdünne Scheiben hobeln. Den Fenchel putzen, waschen und ebenfalls in dünne Scheiben oder Streifen hobeln.

3 Die Orange so großzügig schälen, dass auch die weiße Haut mit entfernt wird. Die Fruchtfilets mit einem scharfen Messer zwischen den Trennhäuten herausschneiden, dabei den Saft auffangen. Das Harissa, 1 EL Zitronen- und 2 EL Orangensaft mit Honig, Salz und dem restlichen Olivenöl verrühren. Die Marinade mit den Möhren und dem Fenchel in einer Schüssel mischen. Die Orangenfilets unterheben. Die Kräuter waschen und trocken schütteln, die Blätter abzupfen, fein schneiden und unter den Salat heben. Mit Salz, Pfeffer und Zitronensaft abschmecken.

4 Eine Grillpfanne erhitzen. Das Lammfleisch aus der Marinade nehmen und die Gewürze etwas abstreifen. Das Lammfleisch auf Spieße stecken, leicht salzen und in der Grillpfanne rundum 6 bis 8 Minuten grillen. Die Lammspieße mit dem Möhren-Fenchel-Salat anrichten. Dazu passt warmes Fladenbrot.

Mein Tipp > Harissa ist eine scharfe, orangefarbene bis dunkelrote Würzpaste aus der tunesischen Küche. Ihre Hauptbestandteile sind Chili und Knoblauch. Harissa wird, je nach Schärfegrad, als Brotaufstrich und zum Würzen von Suppen, Saucen, Eintöpfen und Reisgerichten verwendet. Man bekommt Harissa in Feinkostabteilungen oder in Gewürzläden.

Gefüllte Lammkeule aus dem Ofen
mit Artischocken-Kartoffel-Gemüse

Zutaten für 4–6 Personen
3 Knoblauchzehen
1/2 Bund Petersilie
4–5 Zweige Thymian
1 Bund Rosmarin
100 g schwarze Oliven (entsteint; z.B. Taggiasca-Oliven)
60 g getrocknete Tomaten (in Öl eingelegt)
1 TL getrockneter Oregano
1 Lammkeule (ca. 1 kg; Knochen vom Metzger auslösen lassen)
Meersalz
Pfeffer aus der Mühle
5 EL Olivenöl
6 kleine Artischocken
600 g kleine festkochende Kartoffeln

Zubereitungszeit: ca. 1 1/2 Stunden

1 Den Knoblauch schälen und in feine Scheiben schneiden. Petersilie, Thymian und 2 bis 3 Rosmarinzweige waschen und trocken schütteln, die Blätter bzw. Nadeln abzupfen und fein schneiden. Die Oliven hacken, die Tomaten abtropfen lassen und in feine Würfel schneiden.

2 Alle vorbereiteten Zutaten und den Oregano mischen. Das Lammfleisch mit Küchenpapier trocken tupfen. Das Fleisch mit Salz und Pfeffer würzen und die Kräutermischung auf einer Seite verteilen. Das Fleisch aufrollen und mit Küchengarn zusammenbinden, dabei die restlichen gewaschenen Rosmarinzweige mit einbinden.

3 Den Backofen auf 160 °C vorheizen. In einem Bräter 3 EL Olivenöl erhitzen und das Lammfleisch darin rundum anbraten. Dann zugedeckt im Ofen auf der zweiten Schiene von unten etwa 30 Minuten garen.

4 Die Artischockenstiele etwas kürzer schneiden und mit einem scharfen Messer großzügig schälen. Die Blattansätze und harten Stellen an der Bodenunterseite und die äußeren Blätter entfernen. Die Blattspitzen abschneiden und die Artischocken längs halbieren.

5 Die Kartoffeln schälen und waschen. Das restliche Olivenöl in einer tiefen Pfanne oder einem Topf erhitzen, die Artischocken und Kartoffeln darin 5 bis 10 Minuten anbraten. Mit Salz und Pfeffer würzen, zur Lammkeule in den Bräter geben und etwa 30 Minuten mitbraten.

6 Die Lammkeule aus dem Bräter nehmen und etwa 10 Minuten ruhen lassen. Das Gemüse mit Salz und Pfeffer abschmecken und im ausgeschalteten Backofen warm halten. Das Küchengarn und den Rosmarin vom Fleisch entfernen. Die Lammkeule in Scheiben schneiden und mit dem Gemüse anrichten.

Mein Tipp > Wenn ich keine kleinen Artischocken bekomme, ersetze ich sie einfach durch einige Perlzwiebeln oder Schalotten. Diesen verleihe ich extra Aroma, indem ich sie kurz mit ein paar Thymianzweigen in Olivenöl anbrate, bevor ich sie mit den Kartoffeln zum Lamm gebe.

Lammhackbraten
mit gegrilltem Gemüse und Joghurtdip

Zutaten für 4 Personen

Für den Hackbraten:

50 g Pistazienkerne
1 Brötchen (vom Vortag)
150 ml Milch
1 rote Zwiebel
1 Knoblauchzehe
2 EL Olivenöl
je 1/2 TL Kreuzkümmelsamen und Korianderkörner
1/4 TL Zimtpulver
Meersalz · Pfeffer aus der Mühle
je 1/2 Bund Koriander und Petersilie
800 g Lammhackfleisch
2 Eier

Für den Joghurtdip:

300 g Naturjoghurt
1 TL abgeriebene unbehandelte Orangenschale
3 EL Orangensaft · 2 EL Olivenöl
1/2 rote Chilischote
1/2 Bund Koriander
Meersalz · Pfeffer aus der Mühle

Für das Gemüse:

1 Aubergine
3–4 Mini-Zucchini (oder 1 großer Zucchino)
1 rote Paprikaschote
4–6 EL Olivenöl
1 Bund Zitronenthymian
Fleur de Sel
Pfeffer aus der Mühle
Saft von 1/2 Zitrone

Zubereitungszeit:
ca. 1 1/4 Stunden

1 Für den Hackbraten die Pistazien grob hacken und in einer Pfanne ohne Fett anrösten. Die Rinde des Brötchens entfernen, das Brötchen in Würfel schneiden und in der Milch einweichen. Die Zwiebel und den Knoblauch schälen und in feine Würfel schneiden. In einer Pfanne 1 EL Olivenöl erhitzen, die Zwiebel und den Knoblauch darin andünsten. Den Kreuzkümmel und Koriander im Mörser fein zerstoßen und mit Zimt, 1 1/2 TL Salz und Pfeffer mischen. Die Kräuter waschen und trocken schütteln, die Blätter abzupfen und fein schneiden.

2 Den Backofen auf 200 °C vorheizen. Das Hackfleisch mit den Eiern, dem leicht ausgedrückten Brötchen, Zwiebel, Knoblauch, Gewürzen und Kräutern verkneten. Den Fleischteig mit Salz und Pfeffer würzen, zu einem Laib formen und in eine ofenfeste Form setzen. Mit dem restlichen Olivenöl bestreichen und im Ofen auf der unteren Schiene etwa 45 Minuten braten, dabei, falls nötig, etwas Wasser angießen.

3 Inzwischen für den Dip den Joghurt, die Orangenschale, den -saft und das Olivenöl verrühren. Die Chilischote entkernen, waschen und in feine Würfel schneiden. Den Koriander waschen und trocken schütteln, die Blätter abzupfen und fein schneiden. Chili und Koriander unter den Dip mischen und mit Salz und Pfeffer würzen.

4 Für das Gemüse die Aubergine putzen und waschen. Die Enden gerade schneiden und die Aubergine aufstellen. Das Fruchtfleisch rundum vom weichen Inneren der Aubergine abschneiden und schräg in Stücke schneiden. Die Mini-Zucchini putzen, waschen und längs halbieren. Die Paprikaschote längs vierteln, entkernen, waschen und schräg in Stücke schneiden.

5 Eine Grillpfanne erhitzen. Mit etwas Olivenöl bestreichen und die vorbereiteten Gemüse nacheinander bei starker Hitze unter Wenden einige Minuten bissfest braten, dabei jeweils einige Zitronenthymianzweige mitbraten. Während des Bratens eventuell noch etwas Olivenöl hinzufügen. Das Gemüse auf Küchenpapier abtropfen lassen und in eine Schüssel geben. Den Zitronenthymian entfernen und das Gemüse mit Fleur de Sel und Pfeffer würzen. Mit Zitronensaft und dem restlichen Olivenöl beträufeln.

6 Den Hackbraten herausnehmen, einige Minuten ruhen lassen und in Scheiben schneiden. Mit dem Joghurtdip und dem Gemüse anrichten und nach Belieben mit Couscous oder Weißbrot servieren.

Lamm-Lasagne
mit Auberginen und Ricotta

Zutaten für 6 Personen
Für die Hackfleischsauce:
4 Schalotten
2 Knoblauchzehen
2 Möhren
2 Stangen Staudensellerie
je 2 Zweige Rosmarin und Thymian
2 Stiele Salbei
2 Lorbeerblätter
2 TL Fenchelsamen
2 TL Sichuanpfefferkörner (oder 1 TL schwarze Pfefferkörner)
Zimtpulver
5 EL Olivenöl
800 g Lammhackfleisch (grob durchgedreht)
1 Scheibe Tiroler Speck (3–4 mm dick)
Meersalz · Pfeffer aus der Mühle
100 ml Marsala (ital. Dessertwein)
300 ml trockener Rotwein
1 große Dose geschälte Tomaten (800 g Abtropfgewicht)
100 g schwarze Oliven (ensteint; z. B. Taggiasca-Oliven)
Außerdem:
1 kg Ricotta · 2 Auberginen
Meersalz · 4–6 EL Olivenöl
Pfeffer aus der Mühle · 1/2 l Milch
1 Knoblauchzehe · 2 Stiele Minze
3 Fleischtomaten (à ca. 300 g)
250 g Lasagneblätter (ohne Vorkochen)
ca. 80 g geriebener Pecorino

Zubereitungszeit:
ca. 2 1/2 Stunden

1 Die Schalotten und den Knoblauch schälen und in feine Würfel schneiden. Die Möhren putzen und schälen, den Sellerie putzen und waschen. Beides ebenfalls in feine Würfel schneiden. Die Kräuter waschen und trocken schütteln. Die Kräuter und die Lorbeerblätter mit Küchengarn zusammenbinden. Die Fenchelsamen und Pfefferkörner im Mörser grob zerstoßen und mit 1 Prise Zimt mischen.

2 Das Olivenöl in einem weiten Topf erhitzen. Das Hackfleisch darin portionsweise unter Rühren anbraten und mit der ersten Portion Hackfleisch die Speckscheibe anbraten. Das gesamte Hackfleisch und die Speckscheibe wieder in den Topf geben und mit Salz und Pfeffer würzen. Die Gewürzmischung und das Gemüse dazugeben und einige Minuten mitbraten. Die Kräuter hinzufügen, mit Marsala und Wein ablöschen und fast vollständig einkochen lassen.

3 Den Saft der Dosentomaten zur Fleisch-Gemüse-Mischung gießen. Die Stielansätze und die Kerne der Tomaten entfernen und das Fruchtfleisch grob zerkleinern. Die Tomaten ebenfalls zur Fleisch-Gemüse-Mischung geben. Die Hackfleischsauce offen bei schwacher Hitze etwa 1 Stunde köcheln lassen, dabei immer wieder etwas Wasser oder nach Belieben Brühe angießen.

4 Inzwischen den Ricotta auf ein Sieb geben und abtropfen lassen. Die Auberginen putzen, waschen und längs in Scheiben schneiden. Leicht salzen und in ein Sieb legen, mit einer passenden Schüssel beschweren und 15 bis 30 Minuten ziehen lassen. Die Auberginen mit Küchenpapier trocken tupfen. Eine Grillpfanne erhitzen und mit Olivenöl bestreichen. Die Auberginen darin portionsweise unter Wenden jeweils einige Minuten goldbraun braten, dabei mit etwas Olivenöl beträufeln. Mit Salz und Pfeffer würzen.

5 Die Speckscheibe und die Kräuter aus der Fleischsauce nehmen, die Oliven unterheben und die Sauce mit Salz und Pfeffer abschmecken.

6 Den abgetropften Ricotta durch das Sieb streichen und mit der Milch verrühren. Den Knoblauch schälen, in feine Würfel schneiden und unterrühren. Die Minze waschen und trocken schütteln, die Blätter abzupfen, fein schneiden und zur Ricottamischung geben. Mit Salz und Pfeffer würzen. Die Tomaten waschen und in Scheiben schneiden, dabei die Stielansätze entfernen.

7 Den Backofen auf 200 °C vorheizen. Eine rechteckige ofenfeste Form (20 x 30 cm) mit Olivenöl einfetten. Eine Lage Nudelblätter hineingeben und die Hälfte der Hackfleischsauce darauf verteilen. Mit der Hälfte der Tomaten- und Auberginenscheiben belegen, etwa ein Drittel der Ricottamischung darübergeben und mit einem Drittel des Pecorinos bestreuen. Den Vorgang wiederholen und mit Nudelplatten, Ricottamischung und Pecorino abschließen. Die Lasagne im Ofen auf der zweiten Schiene von unten etwa 30 Minuten überbacken.

MEHL & MEHR

Es ist der Stoff, aus dem unser tägliches Brot gemacht ist: das Mehl. Mit einem einfachen Teig aus Mehl und Wasser, der über dem Feuer zu knusprigen Fladen gebacken wurde, fing alles an. Aber Genießer waren schon immer erfinderisch. Sie rührten hier ein bisschen Hefe in den Teig, dort ein paar Eier, gaben einen Schuss Milch, ein Stückchen Butter, frische Früchte oder ein bisschen Zucker dazu ... Das wunderbare Ergebnis sind Baguettes und Buchteln, Kuchen und Knödel, Pfannkuchen und Profiteroles. Backen Sie mit mir Süßes und Pikantes aus unterschiedlichsten Teigen – für delikate Desserts und herrliche Hauptgerichte.

Toskanischer Apfelkuchen
mit Pinienkernen

Zutaten für 12–16 Stücke
Butter für die Form
1 unbehandelte Zitrone
800 g mürbe säuerliche Äpfel
(z. B. Boskop, Cox Orange)
3 Eier · 200 g Zucker
200 g Mehl
1/2 Päckchen Backpulver · Salz
100 g flüssige Butter
5 EL Olivenöl
2 EL Pinienkerne · 1–2 EL Zucker

Zubereitungszeit:
ca. 1 1/2 Stunden

1 Eine Springform (28 cm Durchmesser) mit Butter einfetten. Die Zitrone heiß waschen, trocken reiben, die Schale fein abreiben und den Saft auspressen. Die Äpfel vierteln, schälen und entkernen. Die Viertel in Würfel schneiden und mit 2 EL Zitronensaft mischen. Den Backofen auf 180 °C vorheizen.

2 Die Eier und den Zucker in eine Rührschüssel geben und mit den Quirlen des Handrührgeräts cremig schlagen. Die Zitronenschale und den restlichen Zitronensaft unterrühren. Das Mehl mit dem Backpulver und 1 Prise Salz mischen. Die Mehlmischung und die Butter abwechselnd rasch unter die Eiercreme rühren. Zum Schluss das Olivenöl unterrühren.

3 Den Teig in der Form verteilen. Die Äpfel daraufgeben und leicht eindrücken. Mit Pinienkernen und Zucker bestreuen. Den Kuchen im Ofen auf der mittleren Schiene 35 bis 45 Minuten backen. In der Form abkühlen lassen, herausnehmen und lauwarm oder kalt servieren. Nach Belieben mit glatt gerührtem Mascarpone servieren.

Vanille-Grießknödel
mit marinierten Erdbeeren

Zutaten für 12 Stück
Für die Knödel:
1 Vanilleschote · 1/2 l Milch
120 g Butter · 5 EL Zucker
125 g Hartweizengrieß · 2 Eier
Für die Erdbeeren:
500 g Erdbeeren · ca. 4 EL Puderzucker
2–3 EL Orangenlikör (z. B. Grand Marnier)
1–2 TL Zitronensaft
Außerdem:
1/2 unbehandelte Zitrone
1 EL Zucker · Meersalz
80 g Amarettini (ital. Mandelkekse)

Zubereitungszeit: ca. 1 Stunde
Kühlzeit: ca. 1 Stunde

1 Für die Knödel die Vanilleschote längs halbieren und das Mark herauskratzen. Die Vanilleschote und das -mark mit Milch, Butter und Zucker in einen Topf geben und zum Kochen bringen. Die Vanilleschote entfernen und den Grieß unter Rühren einrieseln lassen. So lange bei schwacher Hitze weiterrühren, bis sich die Masse vom Topfboden löst. Den Topf vom Herd nehmen und die Grießmasse abkühlen lassen. Nacheinander die Eier hinzufügen und unterrühren. Aus der Grießmasse mit angefeuchteten Händen 12 Knödel formen und mit Frischhaltefolie abgedeckt etwa 1 Stunde kühl stellen.

2 Für die Erdbeeren die Früchte waschen, abtropfen lassen und putzen. Etwa die Hälfte der Beeren mit Puderzucker und Likör in einen hohen Rührbecher geben und mit dem Stabmixer pürieren. Das Erdbeerpüree mit Zitronensaft abschmecken. Die restlichen Beeren halbieren, unter das Püree mischen und kühl stellen.

3 Die Zitrone heiß waschen. In einem großen weiten Topf reichlich Wasser mit Zucker, 1 TL Salz und der Zitronenhälfte zum Kochen bringen. Die Knödel eventuell nachformen, in das Wasser geben und bei schwacher Hitze 12 bis 15 Minuten garen, bis sie nach oben steigen.

4 Die Amarettini im Blitzhacker fein zerkleinern und auf einen Teller geben. Die Knödel mit dem Schaumlöffel aus dem Kochwasser heben, gut abtropfen lassen und in den Bröseln wenden. Mit den marinierten Erdbeeren anrichten. Die Vanille-Grießknödel nach Belieben mit etwas Puderzucker bestäuben und mit Zitronenverbene- oder Zitronenmelisseblättern garnieren.

Mein Tipp > In Österreich, der Heimat der süßen Knödel, serviert man diese gerne mit aromatischen Butterbröseln: 80 g Butter zerlassen, 3 EL Zucker hinzufügen und 100 g Semmelbrösel darin unter Rühren goldbraun rösten. Die Knödel nach dem Garen in den Bröseln wälzen.

Profiteroles
mit Vanillecreme und frischen Beeren

Zubereitungszeit:
ca. 1 1/2 Stunden

Zutaten für ca. 16 Stück

Für den Brandteig:

3 EL Butter · Meersalz · 75 g Mehl · 2 Eier

Für die Creme:

1 Vanilleschote · 3 Eigelb · 50 g Zucker · 3 EL Speisestärke · 350 ml Milch

Außerdem:

Butter und Mehl für die Bleche
400 g frische Beeren (z.B. Heidelbeeren, Brombeeren, Himbeeren)
250 g Zucker

1 Für den Brandteig (siehe S. 173) 1/8 l Wasser mit der Butter und 1 Prise Salz in einen Topf geben und zum Kochen bringen. Das Mehl auf einmal dazugeben und die Masse mit einem Kochlöffel rühren, bis sich ein Kloß bildet und am Topfboden eine weiße Schicht absetzt. Den Teig in eine Schüssel füllen und die Eier nacheinander unterrühren. Backofen auf 200 °C (Umluft 180 °C) vorheizen.

2 Zwei Backbleche mit Butter einfetten und mit Mehl bestäuben. Den Teig in einen Spritzbeutel mit Lochtülle (1 cm Durchmesser) füllen und im Abstand von einigen Zentimetern walnussgroße Häufchen auf die Bleche spritzen (siehe Step 1). Die Profiteroles im Ofen auf der zweiten Schiene von unten nacheinander je 20 bis 30 Minuten goldbraun backen. Herausnehmen, seitlich etwas einstechen, damit die heiße Luft entweichen kann, und auf einem Kuchengitter abkühlen lassen.

3 Für die Creme die Vanilleschote längs halbieren und mit einem Messer das Mark herauskratzen. Eigelbe, Zucker, Speisestärke und 200 ml Milch in eine Schüssel geben und mit dem Schneebesen glatt rühren. Die restliche Milch mit dem Vanillemark und der -schote in einen Topf geben und zum Kochen bringen. Die Vanilleschote entfernen. Die Stärkemischung unter Rühren dazugießen und aufkochen lassen. Die Creme in eine Schüssel füllen und einen Bogen Frischhaltefolie direkt darauflegen, damit sich keine Haut bildet. Abkühlen lassen.

4 Die Beeren verlesen, vorsichtig waschen und auf Küchenpapier abtropfen lassen. Etwa ein Drittel davon beiseitelegen, die restlichen Beeren mit dem Stabmixer pürieren und nach Belieben mit Puderzucker abschmecken.

5 Die Vanillecreme glatt rühren, in einen Spritzbeutel mit kleiner Lochtülle füllen und durch das eingestochene Luftloch in die Profiteroles spritzen (siehe Step 2).

6 Den Zucker in einem kleinen Topf karamellisieren. Die Profiteroles mit der Oberseite in den Karamell tauchen und die Schicht fest werden lassen. Die Profiteroles mit Beeren und Beerensauce anrichten und nach Belieben mit Zitronenverbeneblättern garnieren.

Nougat-Crêpes-Törtchen
mit pochierten Birnen

Zutaten für 6 Stück

Für die Nougatmousse:
1 Blatt Gelatine
300 g Sahne
150 g Nussnougat
25 g Zartbitterschokolade

Für die Crêpes:
80 g Butter
150 g Mehl
3 EL gemahlene Haselnusskerne
3 Eier
350 ml Milch
Meersalz

Für die Birnen:
1 Vanilleschote
1/4 l Weißwein
1/4 l Birnensaft
1 TL Pimentkörner
3 feste Birnen

Außerdem:
6 EL Schokoladensauce (Fertigprodukt)
Kakaopulver zum Bestäuben
6 Kugeln Vanilleeis

Zubereitungszeit: ca. 2 Stunden
Kühlzeit: 4–5 Stunden

1 Für die Nougatmousse die Gelatine in kaltem Wasser einweichen. 5 EL Sahne in einem kleinen Topf leicht erhitzen und die ausgedrückte Gelatine darin unter Rühren auflösen. Den Nougat und die Schokolade grob hacken, in eine Metallschüssel geben und im heißen Wasserbad schmelzen. Die Gelatinemischung unterrühren und die Nougatmasse abkühlen lassen. Die restliche Sahne mit den Quirlen des Handrührgeräts steif schlagen. Die Sahne mit dem Schneebesen unterheben und die Mousse 3 bis 4 Stunden kühl stellen.

2 Für die Crêpes 5 EL Butter bei schwacher Hitze zerlassen. Das Mehl mit den Nüssen, den Eiern, der Milch und 1 Prise Salz glatt rühren. Die Butter unterrühren und den Teig etwa 10 Minuten quellen lassen. In einer großen beschichteten Pfanne etwas Butter zerlassen und nacheinander aus dem Teig 6 bis 8 dünne Crêpes ausbacken und abkühlen lassen. Je 2 bis 3 Crêpes aufeinanderlegen und mit einem Dessertring (9 cm Durchmesser, 6 cm Höhe) jeweils mehrere Kreise ausstechen.

3 Auf eine Platte oder ein Backblech sechs Dessertringe setzen. Jeweils einen Crêpekreis hineinsetzen und mit etwas Nougatmousse bestreichen. Den Vorgang wiederholen, bis die Zutaten aufgebraucht sind. Die Törtchen vor dem Servieren etwa 1 Stunde kühl stellen.

4 Für die Birnen die Vanilleschote längs aufschneiden. Den Wein und den Saft mit der Vanilleschote und dem Piment in einen Topf geben und zum Kochen bringen. Die Birnen vierteln, schälen und die Kerngehäuse entfernen. Die Viertel in Spalten schneiden, in den Sud geben und bei schwacher Hitze 3 bis 5 Minuten garen. Die Birnen mit dem Schaumlöffel herausheben und abtropfen lassen. Den Sud sirupartig einkochen lassen.

5 Auf sechs Dessertteller jeweils 1 EL Schokoladensauce verteilen. Die Nougat-Crêpes-Törtchen mit einer Palette daraufsetzen und die Ringe vorsichtig abnehmen. Die Törtchen mit Kakaopulver bestäuben und mit den Birnenspalten und je 1 Kugel Vanilleeis anrichten. Mit dem Birnensirup beträufeln.

Mein Tipp > Eine schnellere, aber ebenso köstliche Variante dieses Desserts sind Nougat-Crêpes-Röllchen: Dafür die abgekühlten Crêpes mit der Nougatmousse bestreichen und aufrollen. Die Rollen schräg halbieren und mit den pochierten Birnen anrichten.

Register

Fotos

Cover und Foodfotos
WestermannStudios GbR, www.westermannstudios.de

Fotografie: Jan-Peter Westermann

Fotografische Mitarbeit: Chiara Cigliutti, Isabel Florencio Pape

Foodstyling: PIO, Roland Geiselmann, Julia Luck

Styling: Christine Mähler

Assistenz: Stefanie Bütow, Jana Tolle, Nina Hollenbeck, Britta Kohl, Yvonne Gastler

Vor- und Nachsatz, Rückseite rechts oben
Britta Kohl/NDR

Informationen und Bezugsquellen

Alles Wissenswerte über Cornelia Poletto, ihr Restaurant, ihre Kochschule und ihre Lieblingsprodukte erfahren Sie unter www.cornelia-poletto.de.

Feinkost und Delikatessen wie etwa Taggiasca-Oliven werden im Internet z. B. von www.bosfood.de, www.viani.de oder www.olivaverde.de vertrieben.

Edle Fleischspezialitäten kann man unter www.schlachterei-wagner.de und www.otto-gourmet.de bestellen.

Der Verlag und Cornelia Poletto danken den Firmen ASA, Königliche Porzellan-Manufaktur Berlin sowie Robbe und Berking für die freundliche Unterstützung der Fotoproduktion.

POLETTOS
Kochschule

POLETTOS
Kochschule

Mehl ist nicht gleich Mehl

Mehl gewinnt man aus gemahlenen Getreidekörnern, Samen sowie stärkehaltigen Wurzeln und Knollen wie Maniok oder Kartoffeln. Am meisten verbreitet ist Weizenmehl, in der Brotbäckerei haben aber auch Roggen- und Dinkelmehl große Bedeutung. Mehl wird in Deutschland nach dem Ausmahlungsgrad gekennzeichnet. Er steht als Typenbezeichnung auf der Verpackung und gibt Auskunft darüber, wie viel Milligramm Mineralstoffe in 100 g Mehl enthalten sind. Bei der häufigsten Weizenmehl-Type 405 sind dies 405 Milligramm. Je höher die Typenzahl, desto gröber das Mehl und desto höher der Anteil an mitvermahlenen, nähr- und ballaststoffreichen Keimlingen und Randschichten. Je niedriger die Type, desto feiner und weißer das Mehl. Mehle der Type 405 werden auch als Weißmehle oder Auszugsmehle bezeichnet.

Grieß – das Grobe vom Korn

Die gröberen Stückchen des Weizenkorns, die beim Mahlen vom staubförmigen Mehl getrennt werden, nennt man Grieß. Er wird in verschiedenen Größenklassen als grober, mittelfeiner oder feiner Grieß angeboten. Grieß aus Weichweizen verwendet man für Süßspeisen, Knödel und Desserts. Grieß aus Hartweizen ist für die Pastaherstellung wichtig.

Butter und Schmalz, Zucker und Salz, Milch und …

Um beim Backen sein Volumen zu vergrößern und eine feine Krume zu bilden, braucht Teig ein Triebmittel wie Hefe, Backpulver oder Natron (siehe Kasten rechts). Auch Eier machen Teige lockerer, Milch weicher. Die Zugabe von Butter, Butterschmalz oder Öl sorgt für Geschmeidigkeit und Knusprigkeit. Zucker, Honig oder Sirupe bringen Süße und unterstützen die Hefe bei der Arbeit. Vanille rundet süße Teige zusätzlich ab. Und: Alle Teige, ob pikant oder süß, vertragen eine gute Prise Salz. Feine Ergänzungen in und auf Gebäcken und Desserts sind frische Früchte der Saison oder getrocknete und kandierte Früchte sowie Schokolade. Letztere wird entweder in Stückchen oder geschmolzen vor dem Backen unter den Teig gezogen oder überzieht als schimmernde Glasur fertige Gebäckstücke.

Hefeteig ansetzen

Frische Hefe geht besonders gut auf, wenn man ihr eine kurze Startphase, einen sogenannten Ansatz oder Vorteig gönnt. So geht's:

Mehl in eine Schüssel sieben, eine Mulde hineindrücken. Zucker, lauwarme Milch und zerbröckelte Hefe darin verrühren. Gehen lassen.

Vorteig mit den restlichen Zutaten zu einem glatten Teig verrühren. Die Zutaten sollten nicht direkt aus dem Kühlschrank kommen.

Schüssel abdecken und den Teig an einem warmen Ort (z. B. neben der Heizung) gehen lassen, bis sich das Volumen verdoppelt hat.

Brandteig zubereiten

Der Name dieses einfachen Teigs kommt daher, dass ein Teil der Zutaten bei der Zubereitung schon einmal erhitzt wurde. So gelingt er:

Wasser in einem Topf erhitzen, die Butter dazugeben und schmelzen lassen.

Das Mehl auf einmal hinzufügen und so lange rühren, bis sich der Teig als Kloß vom Topfboden löst.

Den Teig in eine Schüssel umfüllen und die Eier nacheinander gründlich unterrühren.

Andere Länder, andere Mehle

Unsere österreichischen Nachbarn sind Meister der süßen Koch- und Backkunst. Die Mehl-Typenbezeichnungen dort sind ähnlich wie bei uns, sie steigen an vom feinsten Weizenmehl Type W480 zum Vollkornmehl. Gängig sind auch die traditionellen Bezeichnungen »glatt« für das feinste Mehl, bis »griffig« und »doppelgriffig« für gröbere Mahlgrade. In Italien reicht das Angebot vom feinsten Pizzamehl »tipo 00« über »tipo 2« bis zu »farina integrale«, dem Vollkornmehl. In englischsprachigen Ländern bekommt man sogar »self raising flour«, feines Weizenmehl, das mit Backpulver versetzt ist.

Immer schön locker werden

Für einen lockeren Teig mit schöner Krume benötigt man Triebmittel. Diese erzeugen Gase, die nach dem Backen zu mehr oder weniger feinen Poren werden. Leichtere Teige gehen mit Backpulver oder Natron auf. Das gebräuchlichste Triebmittel für schwerere Teige aus Weizenmehl ist Hefe, die frisch oder getrocknet dazukommt (siehe oben). Für Teige mit hohem Roggenanteil braucht Hefe die Unterstützung von Bakterien (z. B. Milchsäurebakterien), als Triebmittel wird ein Sauerteigansatz hinzugefügt. Für Weihnachtsgebäck werden auch traditionelle Triebmittel wie Hirschhornsalz oder Pottasche verwendet.

Crespelle
mit Ricotta-Spinat-Füllung

Zutaten für 4 Personen

Für die Crespelle:
5 EL Butter · 125 g Mehl
2 Eier · 1/4 l Milch
Meersalz

Für die Füllung:
500 g Blattspinat
2 Schalotten
1 Knoblauchzehe
3 EL Olivenöl
Meersalz
Pfeffer aus der Mühle
frisch geriebene Muskatnuss
2 Stiele Basilikum
1–2 Zweige Thymian
250 g Ricotta
1 Eigelb
ca. 30 g geriebener Parmesan

Außerdem:
3 EL Butter
ca. 30 g geriebener Parmesan
2 Römersalatherzen
2 Tomaten
1 EL Tomatenessig (oder Aceto balsamico bianco)
Meersalz
Pfeffer aus der Mühle
4 EL Olivenöl

Zubereitungszeit:
ca. 1 1/2 Stunden

1 Für die Crespelle etwa 3 EL Butter in einer Pfanne zerlassen. Das Mehl mit den Eiern, der Milch und 1 Prise Salz glatt rühren. Die flüssige Butter unterrühren und den Teig etwa 10 Minuten quellen lassen.

2 Für die Füllung den Spinat verlesen, waschen und abtropfen lassen, die Blätter von den Stielen streifen. Die Schalotten und den Knoblauch schälen und in feine Würfel schneiden. Das Olivenöl in einer Pfanne erhitzen, Schalotten und Knoblauch darin andünsten. Den Spinat hinzufügen und etwa 3 Minuten dünsten. Mit Salz, Pfeffer und Muskatnuss würzen. Den Spinat in eine Schüssel geben und etwas abkühlen lassen. Das Basilikum und den Thymian waschen und trocken schütteln, die Blätter abzupfen und fein schneiden. Den Spinat leicht ausdrücken, anschließend grob hacken. Die Kräuter, den Ricotta, das Eigelb und den Parmesan zum Spinat geben, gut untermischen und die Spinatfüllung mit Salz und Pfeffer abschmecken.

3 Den Teig nochmals durchrühren. In einer beschichteten Pfanne (24 cm Durchmesser) etwas von der restlichen Butter erhitzen, eine kleine Schöpfkelle Teig hineingeben und durch Schwenken verteilen. Wenn die Unterseite goldbraun ist, den Pfannkuchen wenden und fertig backen. Auf diese Art und Weise aus dem Teig nacheinander 8 dünne Pfannkuchen (Crespelle) backen.

4 Den Backofen auf 180 °C vorheizen. Die Crespelle auf der Arbeitsfläche auslegen, jeweils etwas Füllung daraufgeben und gleichmäßig verteilen. Die Crespelle aufrollen und nebeneinander in eine ofenfeste Form legen. Die Butter in Flöckchen darauf verteilen und den Parmesan darüberstreuen. Die Crespelle im Ofen auf der mittleren Schiene etwa 15 Minuten überbacken.

5 Die Salatherzen putzen und waschen, trocken schütteln und vierteln. Die Stielansätze der Tomaten herausschneiden. Die Tomaten kurz in kochendes Wasser geben, herausheben und kalt abschrecken. Die Tomaten häuten, vierteln und entkernen. Die Kerne in eine Schüssel geben. Die Tomatenviertel in kleine Würfel schneiden. Die Tomatenkerne mit Essig, Salz, Pfeffer und Olivenöl verrühren, dann die Tomatenwürfel untermischen. Die Crespelle mit den Salatherzen anrichten und den Salat mit der Tomaten-Vinaigrette beträufeln.

Mein Tipp > Die Ricotta-Spinat-Masse eignet sich auch hervorragend als Füllung für Cannelloni. Die gefüllten Nudelröhren in eine gefettete, ofenfeste Form legen, großzügig mit Tomatensugo übergießen, dick mit geriebenem Parmesan bestreuen und im Backofen bei 200 °C etwa 30 Minuten überbacken.

Feigenbuchteln
mit Thymian und geräucherter Gänsebrust

Zutaten für 12 Stück

Für den Hefeteig:
250 g Mehl · 100 ml Milch
1/2 Würfel Hefe (21 g)
1 TL Zucker
1 Ei · 1 Eigelb
5 EL flüssige Butter · Salz

Für die Füllung:
2 Feigen
1 TL Thymianblättchen
2 EL Zucker
Pfeffer aus der Mühle
je 1 Msp. geriebene Muskatnuss, Gewürznelken-, Piment- und Zimtpulver (oder 1/2 TL Quatre-épices-Gewürzmischung)
100 ml roter Portwein
50 g geräucherte Gänsebrust (in Scheiben)

Außerdem:
5 EL Butter für die Form
Mehl für die Arbeitsfläche

Zubereitungszeit: ca. 1 1/2 Stunden
Ruhezeit: ca. 1 Stunde

1 Für den Hefeteig das Mehl in eine Schüssel geben und eine Mulde hineindrücken. Die Milch leicht erwärmen und die Hälfte davon in die Mulde gießen. Die Hefe hineinbröckeln und den Zucker unterrühren. Den Hefeansatz zugedeckt etwa 10 Minuten gehen lassen. Dann die restliche Milch, das Ei, das Eigelb, die Butter und 1 Prise Salz zur Mehlmischung geben. Alles mit den Knethaken des Handrührgeräts (oder in der Küchenmaschine) zu einem glatten Teig verkneten. Den Hefeteig zugedeckt an einem warmen Ort etwa 45 Minuten gehen lassen, bis sich sein Volumen verdoppelt hat.

2 Für die Füllung die Feigen waschen, den Stiel entfernen und die Früchte in Würfel schneiden. Die Thymianblättchen abzupfen und fein hacken. Den Zucker in einer Pfanne karamellisieren. Die Feigen mit dem Thymian dazugeben und andünsten. Etwas Pfeffer und die restlichen Gewürze hinzufügen. Mit dem Portwein ablöschen und die Flüssigkeit einkochen lassen. Die Gänsebrust in Würfel schneiden, dabei den Fettrand entfernen, und unter die Feigen mischen. Die Feigenfüllung abkühlen lassen.

3 Die Butter in eine ofenfeste Form (ca. 20 x 20 cm) geben und im Backofen bei etwa 100 °C schmelzen lassen. Die Form herausnehmen. Den Hefeteig auf der bemehlten Arbeitsfläche zu einer Rolle formen und in 12 gleich große Scheiben schneiden. Jede Scheibe flach drücken und etwas Feigenfüllung daraufgeben. Den Teig darüber zusammendrücken und die Buchteln rund formen.

4 Die Hefeklöße (Buchteln) nacheinander in die Form geben und in der flüssigen Butter wenden. Dann mit der Teignaht nach unten nebeneinander setzen. Die Buchteln auf der mittleren Schiene in den (nicht vorgeheizten) Backofen geben und bei 180 °C etwa 25 Minuten goldbraun backen. Herausnehmen und in der Form etwas abkühlen lassen. Die Buchteln lauwarm, etwa zu Gänsebraten (siehe S. 112), servieren.

Mein Tipp > In einer süßen Variante können Sie die Buchteln auch als Dessert servieren. Dafür einfach Thymian, Pfeffer und die Gänsebrust weglassen und stattdessen einige gehackte Pekannüsse unter die Feigen mischen. Zu den süßen Feigenbuchteln passt natürlich Vanillesauce.